서희의 해외 MBA 입학 전략

그 막막했던 시절을 지나,

이후 비슷한 길을 걷는 분들을 위해

서희의 해외 MBA 입학 전략

발 행 | 2021년 1월 5일
수정일 | 2023년 12월 4일

저 자 | 서희
펴낸이 | 한건희

펴낸곳 | 주식회사 부크크

출판사등록 | 2014.07.15. (제2014-16호)

주 소 | 서울특별시 금천구 가산디지털1로 119 SK 트윈타워 A동 305호

전 화 | 1670-8316

이메일 | info@bookk.co.kr

ISBN | 979-11-372-3107-8

www.bookk.co.kr

서희의 해외 MBA 입학 전략

5개 Top MBA 100% 합격 노하우

저자 서희

Contents

Preface...8

Step 1. 마음먹기 - 진짜 할 것인가? 왜?................................10

  1. 이번 주말에도 GMAT 학원엔.................................10

    처음 MBA를 가겠다 마음먹었던 그 때............................12

    타당한 동기 유발이 있는가?...................................15

    해외 MBA 후 얻을 수 있는 것과 없는 것.......................18

  2. 사전 조사 - 준비 기간과 비용.............................28

    풀타임 직장인 기준 소요 기간.................................28

    천차 만별인 MBA 제반 비용...................................31

  3. 학교 선정, 이상과 현실의 균형..............................40

    내 삶을 너무 버겁게 만들지 않을 정도의 부담..................40

    지역 선정은 졸업 후 나의 희망사항에 따라....................42

Step 2. 이제 진짜 마음의 준비가 된 당신께.........................46

  4. 그 모든 작업을 시작하기에 앞서............................46

  5. 지옥에서 온 GMAT...50

GMAT의 존재의 이유 50

전반적인 시험 공부 전략 53

Tips: 굳게 다짐했으나 GMAT 때문에 시간이 지체될 때
.... 60

6. 또 다시 영어 점수란 말이냐 61

토플 vs 아이엘츠 63

영어 시험의 본질 65

Step 3. 에세이와 다양한 요소들의 저글링 71

7. 에세이 괴담 71

혼자 에세이를 준비하는 당신을 위한 6단계 작성법 75

Tips: 약점과 실패 사례 다루기 90

Tips: 내 소재와 스토리가 좋은 소재인지 가늠이 안 될 때
.... 92

Tips: 활자 외 다양한 매체 사용을 요구할 때 94

8. 추천서의 추억 - 차라리 내가 쓰는 에세이가 속 편했다! . 95

누구에게 부탁할 것인가? 98

어떻게 부탁할 것인가? 101

언제 부탁할 것인가? 104

9. 원서 제출을 향해...105

　레쥬메는 1장 밖에 안 되는데 왜 이렇게 어려울까?.....105

　원서 접수 사이트 뽀개기..111

　최근 복병 Video Interview.....................................117

　Tips: Apply Master 파일.......................................120

10. 정말 중요한 네트워킹 마인드셋...............................123

　INSEAD 졸업생과의 Coffee Chat...........................126

　유용한 온라인 정보 끌어 모으기.............................127

Step 4. 인터뷰 - 여기까지 왔다면 희망을 가져보자.......................131

　11. 인터뷰 접근 마인드..131

　인터뷰 본격 준비 6단계 접근법...............................132

　Tips: 여유와 미소를 잃지 말기, 제스처 신경 쓰기.......150

　12. 나의 인터뷰 후기 모음.......................................154

　13. 100% 합격과 선택의 과정...................................173

　타 학교를 선택하지 않은 이유.................................176

　Wait List 통보를 받았을 경우 시도해 보면 좋을 일들 177

Epilogue...180

아껴둔 스토리 180

자기 검열적 고민 두 가지 183

부록 1. 나의 영어 학습기 188

부록 2. 합격 에세이 및 추천서 샘플 196

　　1. EF MBA 에세이 196

　　2. EF MBA 추천서 202

작가 소개 216

Preface

이 책의 첫 시작은 2017년경 해외 MBA 지원에 관한 포스팅을 하면서부터였다. 글을 썼던 이유는 첫째, 내가 지나온 길을 가는 분들께 내 경험과 가치 있는 정보를 제시하고 싶어서, 둘째, 준비하는 동안 많은 분들로부터 예상치 못한 큰 도움을 받았는데 이를 지원자분들께 보답해 가야겠다 라는 생각이 들었으며, 셋째, 거품이 많이 낀 해외 MBA 입학 준비 시장에서 실질적인 정보를 공유하고 싶었다.

해외 MBA 입학 준비 시장에는 거품과 왜곡된 정보가 많다. MBA 자체가 비용이 많이 들어가는 학위이고, 일반적으로 시간이 없는 직장인들이 많이 지원하기 때문에 전문가에게 돈을 많이 주는 것으로 준비를 마치려는 경향이 생긴다. 하지만 각자의 상황에 맞게, 불필요한 시간과 돈을 쓰지 않고도 목적지에 갈 수 있다는 것을 말하고 싶었다.

나는 혼자서 해외 MBA 5개 탑스쿨에 지원하여 100% 합격했고, 지난 6년 간 많은 분들이 해외 Top MBA에 갈 수 있도록 도왔다. 이 과정에서 해외 MBA 입학을 위해 참고할 만한 솔직한 이야기와 입학 전체 과정을 다루는 전략이 많이 없다고 느껴, 해외 MBA를 준비하시는 분들께 도움이 되길 바라며 이 책을 쓰게 되었다.

본 책은 2021년 1월에 처음 출판되었고, 저자가 다른 이들의 MBA 입학 지원을 도운 경험과 사례가 늘어남에 따라, 이를 반영하여 2023년에 수정판을 출판하게 되었다.

2023년 가을,
서울에서

Step 1. 마음먹기 - 진짜 할 것인가? 왜?

1. 이번 주말에도 GMAT 학원엔

이번 주말에도 많은 직장인들이 황금 같은 주말에 GMAT 학원에서 공부를 하고 있을 것이다. 내가 학원을 다녔던 2017년에도 많은 직장인들이 주말마다 GMAT 학원에 왔고 그 곳에서 우연치 않게 아는 사람을 만나기도 했다.

그 중 어떤 사람은 원하던 MBA를 가게 되고 (그룹1), 어떤 사람은 MBA가 자신에게 큰 도움이 되지 않음을 깨닫고 적당한 기회비용만 지불한 후 깔끔히 마음을 접는다 (그룹2). 마지막으로 '그룹3' 이 있다.

이에 속하는 사람들은 깊은 고민 없이 '남들 하니까', '불안해서' 미적미적 GMAT 준비를 하다가 쓸데없이 돈 쓰고 20~30대의 소중한 시간을 낭비하고, 결국 MBA에 못 가게 된 후에 MBA 따위 필요 없다고 자기 합리화하고 MBA 나온 사람들을 폄하하는 사람들이다.

타당한 이유가 있다면, 돌이킬 수 있을 때 MBA를 가지 않는 것도 현명한 선택이라고 생각한다. 실제로 지인 B는 미국 최고 MBA에 합격했으나, 아무리 생각해도 본인이 원하는 투자가 아니라면서 MBA 입학 허가서를 포기하고 세계적인 투자 회사로 이직

했다.

저녁식사에서 누군가 그녀에게 "MBA 준비한 시간이 아깝지 않으셨어요?" 라고 물었다. 그녀는, "그 시간은 매몰 비용이고, 현재 내가 MBA 졸업 후에 받고 싶은 오퍼를 받게 된 상황인데 추가 비용을 들이지 않고 그 기회를 이용하는 게 더 좋다고 생각한다" 라고 말씀하셨다. 그 이후에 진짜 post-MBA 졸업생들이 가고 싶어 하는 업계, 회사에 입사해서 지금도 잘 다니고 계시는데, 정말 현명한 자만이 할 수 있는 냉철한 결정이라고 생각했다.

나는 그룹3에 속하는 분들이 많이 없기를 바란다. 어디까지나 MBA는 필수 과정이 아니고 '선택' 과정일 뿐이다. 꼭 MBA를 가야만 성공한 커리어를 쌓고, CEO가 되는 것도 아니다. 사람에 따라 그 시간과 돈을 운동하고 여행하고 집 장만하고 사업이나 투자하는데 쓰는 게 더 합리적인 선택일 수도 있다.

대부분의 사람들에게 MBA는 엄청난 투자이며 큰 고민 없이 대충 할 수 있는 일이 아니다. 간혹 능력이 좋아서, 혹은 집안에서 MBA 학자금 정도는 손 쉽게 커버해 줄 수 있어서, 깊은 고민과 결심 없이 대강 준비해도 합격하는 분들도 있다.

하지만, 장기적으로는 그게 썩 좋지 않을 수 있다고 생각한다. (심지어 입학하자 마자, 왜 큰 고민 없이 MBA 진학하는 게 좋지 않은 지 깨달을 수도 있다!)

GMAT 점수 만들기, 에세이 쓰기 이런 건 둘째 치고, 해외

MBA가 진짜 꼭 필요한 일인지, 어떤 식으로 내 삶에 도움을 줄 수 있는지 심사숙고해야 한다. 착수하기 전까지는 최대한 심사 숙고하고, '착수' 하신다면 꼭 반드시 갈 수 있도록 철저하게 준비해야 한다고 몇 번이고 당부한다.

처음 MBA를 가겠다 마음먹었던 그 때

그렇다면 "당신은 왜 MBA를 가려고 했나?" 궁금할 것이다. 에세이에 적어낸 "Why MBA?"에서 더 깊이 들어가, 저자의 진짜 지원 동기에 대해 간략히 얘기하겠다. 독자분들께서도 '내가 도대체 왜 MBA를 가려고 하는지'에 대해 깊이 있게 생각해 보시길 바란다.

어디서부터 해외 MBA에 대한 생각이 시작되었는지 여러 생각들이 얼기 설기 복잡하게 얽혀 있다면, 글로 써보는 게 큰 도움이 된다. 나중에 에세이를 준비할 때에도 실질적인 도움이 된다.

이유1: 회사에서 느끼는 답답함과 한계

나는 철없던 23세에 유명 IT 대기업에 입사하면서 사회 생활을 시작했다. 그 때의 나를 돌이켜보면, 똑똑하긴 한데 별 쓸모가 없었다고 평가할 수밖에 없다. 그 당시엔 본인이 엄청 잘 난 줄 알고 천방지축 날뛰던 나를 참고 품어 준 회사에 대해 진심으로 고맙게 생각하고 있다.

그렇게 멋모르고 입사한 첫 해부터 몇 년 간은, 동기 채팅 방에서 회사에 대한 불만을 찰지게 쏟아내던 시절이었다. 회사의 모순을 누가 더 시니컬하게 블랙 유머로 승화시킬 수 있는지 마치 경쟁하듯 쏟아냈다.

그런데 어느 시점부터 나는 매일같이 불평 불만하는 게 싫었다. 내 생각에, 입사 후 1~2년 차 때 동기들끼리 불평 불만을 토로하고 서로 위안 받는 건 괜찮다. 그렇지만 4년, 5년째 비슷한 얘기만 (예: 힘들다, 우리 부서 비전 없다, 나한테만 왜 이러는지 모르겠다, 김 부장 꼰대짓 너무 싫다 등) 하고 있다면, "That's your problem"이라는 생각이 들었다. 정말 아니다 싶으면 자원해서 부서 이동도 하고 공부를 하거나 이직을 하거나 스스로 액션을 취해야 한다는 생각이 들었다.

어느 순간부터 나는 불평불만을 안 하게 되었고 다른 가능성들을 찾게 되었다. 내게 매력적으로 다가온 옵션들 중 하나는 해외 MBA였다. 어릴 적부터 해외에서 공부하고 싶다는 생각이 있기도 했고, '현재 내 시각이 너무 편협하나? 이 곳 밖에서는 어떻게 일하고 성장하는가?' 이런 질문들이 생기면서 해외 MBA에서의 배움이 매력적으로 느껴졌다.

이유 2: 나는 좀 더 높이, 멀리 가보고 싶다

나는 '적당히 가늘고 길게' 일하고 싶지 않았다. 나중에 그런 현실주의가 맞았음을 인정하는 날이 올지도 모르겠지만, 20대 중반의 나는 그런 식으로 20년, 30년 일을 한다는 것이 소름 끼치게 싫었다.

생각해 보면, 이런 적당한 현실주의를 받아들인다는 게 참 앞뒤가 안 맞다. 나 뿐만 아니라 우리나라에서 교육을 받은 많은 사람들이 10대 학창시절 내내 한 문제라도 더 맞기 위해서, 하나라도 더 알기 위해서 칼을 갈았을 것이다. 그런데, 갑자기 입사 후부터 '직장생활은 다 그런 거야' 라며 완전히 다른 마인드의 인간이 되어서, 적당히 가늘고 길게 살기 란 쉽지 않다.

나는 리더가 되고 싶었고, 똑똑하고 실력 있는 상사가 되고 싶었다.

가까이서부터 시작해서, 사내에서 위 아래 여러 사람들로부터 인정받는 리더들은 도대체 뭘 어떻게 했길래 저 자리에 갔나 살펴보았다. 내 관찰의 결론은 여러가지 다양한 요인들이 있지만 - 자기만의 뛰어난 전문성이 있거나, 융화력이 정말 좋거나, 사내에 적이 없거나, (가장 중요한) 운이 좋거나 등 - 비즈니스 리더들의 열에 여덟, 아홉은 해외 MBA, 혹은 PhD까지 했다는 것. 나의 결론은 그렇다면 나도 한 번 해보자 라는 것이었다.

여기 까지가 MBA를 준비하게 된 결정적인 이유들이었고, 그

외에도 프로페셔널로서 다양한 직업적 기회들을 얻고자 (7-10년 후 내 비즈니스를 하는 것, 이를 위한 지식을 배우는 것, 해외에서 일해보는 것, 다른 인더스트리에서도 통용될 수 있는 전문성과 transferable skills를 확보하는 것, 내 몸값을 올리는 것 등) 해외 Top MBA 진학 준비를 시작했다.

타당한 동기 유발이 있는가?

한편 어떤 사람은 전문 CEO가 되고 싶어서, 누군가는 자기 회사를 차려보고 싶어서, 또 어떤 사람은 해외에 정착하고 싶어서, 해외 최고 명문 학교에서 공부해 보고 싶어서 등등의 이유로 MBA에 가고 싶다는 생각이 마음 속에 싹트기 시작했을 것이다.

MBA 준비하시는 분들과 얘기를 해보면 자신의 입학 동기가 (예를 들어, 암스테르담에서 일하고 정착하고 싶다는 생각) 너무 약한 것 같다고 얘기하는 경우가 있다. 저자는 ① 자신이 삶과 직업에서 느끼는 부족함이 있고, ② MBA가 그 갈증을 해결해 줄 수 있는 부분이 있다고 한다면 모두 타당한 동기라고 생각한다.

흥미로운 점 한 가지를 얘기하고 싶다.

저자의 경우, MBA 진학을 준비하는 기간 동안 앞에서 말한 지원 동기들이 정말 중차대하고 심각하다고 생각했다. 하지만 캠퍼스에 도착한 이후 내 MBA 지원 동기가 '충분히 심각하지 않다'는 느낌을 받았다. 내 스스로가 잘 사는 나라에서 큰 걱정 없이 자라고, 한국에서 태어났다는 이유로 안정된 글로벌 컴퍼니 본사에 비교적 쉽게 들어가, 아름다운 프랑스 캠퍼스에 오게 된 온실 속 화초라는 생각마저 들었다.

중동에서 온 어떤 친구는 지속되는 전쟁의 위협을 도저히 견디다 못해 난민으로 캐나다에 가서, 온갖 고생 끝에 명문 학교를 졸업하고 컨설턴트가 되어 MBA까지 도전했다. 남미에서 온 어떤 친구는 자기 나라의 경제가 극심한 인플레이션, 디플레이션을 반복하다 도저히 나아질 기미가 보이지 않자 유럽으로 이주할 수 밖에 없어서 그 수단으로 MBA에 진학했다. 동유럽의 어떤 친구는 유년 시절 부모의 반복되는 이혼과 재혼, 계부의 학대와 괴롭힘을 견디다 못해 런던에서 유학 생활을 시작한 후, 좋은 학교의 졸업장으로 자신의 삶을 개선시키고자 MBA에 오기도 했다.

반면, 일본의 어떤 친구는 일본 대기업에 다니고 있다가 졸업 후 컨설팅 펌에 입사해 몸값을 더 높이려고 MBA에 왔다. 스웨덴 출신의 클래스 메이트는 아버지도 INSEAD를 다니셨기에 자기도 이 곳에 와야 될 것 같다는 생각에 왔다고 했다. (그리고서 영국의 왕세손비 케이트 미들턴 같은 표정으로 도도하게 앉아 머리를 꼬며 수업을 듣곤 했다)

어떤가?

이렇게 여러 MBA 입학 동기를 언급한 이유는 입학 동기는 정말 다양하며 특정한 이유를 더 고차원적이다, 저차원적이다 라고 지적할 수 없다는 말을 하고 싶어서 이다. 무엇보다도 MBA가 자신이 삶과 커리어에서 느끼는 부족함과 갈증을 해결해 줄 수 있는 곳인지 알아보는 것이 더 중요한 문제이다.

이제 마음의 준비가 되신 분들은 차근차근, 현명하게 준비를 시작해보자.

해외 MBA 후 얻을 수 있는 것과 없는 것

간혹 해외 MBA 지원 준비 중인 분들과 얘기를 나누다 보면, 해외 MBA가 현재의 모든 커리어 고민을 해결해 줄 수 있을 것으로 환상을 갖는 경우가 있다. 저자는 최대한 실제 사례에 기반하여, 해외 MBA 이후 얻을 수 있는 것, 반면 얻을 수 없는 것에 대해 공유하고자 한다.

해외 MBA 이후 얻을 수 있는 것

커리어 측면, 비 커리어 측면으로 나누어 보자.

커리어 측면부터 살펴보자. 첫째, 일의 성격을 결정하는 중요한 3가지 포인트가 있다. (1) 근무 위치 (location), (2) 인더스트리 (Industry), (3) 직무 (function) 이다. 이 중 해외 MBA를 통해 최소 1개, 운이 좋으면 2-3개를 바꿀 수 있다. 그리고 이러한 변화를 통해 급여를 대폭 높일 수 있게 된다.

가령, 근무 위치를 서울에서 싱가포르로, 혹은 런던으로 변경할 경우, 급여 수준 자체가 많이 인상될 수 있다. 물론, 그 도시의 물가에 따라 생활비도 오르지만 생활비를 통제할 수 있다면, 내 손에 쥘 수 있는 net 소득 자체가 오르게 된다.

한편, 인더스트리와 직무를 제조업 기반 대기업 내 해외 영업에서 전략 컨설팅 내 컨설턴트로 변경할 경우, 기본급의 상승을 기대할 수 있다. 혹은 Amazon 과 같은 글로벌 대기업들은 MBA 졸업생 대상으로 leadership program 등을 운영하는데, 이러한 프로그램에 선발될 경우 높은 급여와 사내에서 빠른 성장을 기대할 수 있다.

해외 명문 MBA 졸업생의 70-80%는 이 3가지 요소 중 1가지를 바꿀 수 있고, 10-20%의 사람들은 2-3가지를 바꾼다. 반면, 5% 미만의 사람들은 3가지 다 바꾸지 못하는 경우도 있으니, 해외 MBA 진학은 어느 정도의 리스크를 수반하는 일임을 미리 알고 가자.

두번째, 졸업 후 '하고 싶은 일, 전문성을 쌓는 일을 한다' 라는 개념을 갖고 일을 하게 된다. 저자는 한국에서 대기업 생활을 하는 동안, '하고 싶은 일, 전문성을 쌓는 일을 한다'라는 것의 개념조차 희박했다. 천성적으로 너무 맞지 않는 일을 최대한 피하는 정도였고, 하고 싶은 일을 하겠다고 손 들었다가, 상사에게 회의실에 붙들려 가서 1시간 동안 욕 먹고 혼난 적도 있었다.

해외 MBA의 입학과 졸업은 안정보다는 하고 싶은 일과 전문성을 쌓는 삶을 택하는 길이다. 보통 MBA 졸업생들은 자신의 삶의 궤적, 잘 할 수 있는 일, 흥미가 있는 일, 시장의 트렌드를 스스로 지속적으로 확인하면서 몇 번씩 커리어 상의 중요한 선택을 하며 사는 경우가 대다수이다. 이게 재미있게 느껴지는 사람은 MBA가 잘 맞는 사람이고, 커리어에서 몇 번씩 이런 리서치, 판단, 결단을 해야 하는 일이 피곤하게 느껴지는 사람은 MBA가 잘 맞지 않다고 볼 수 있다.

세번째, 리크루팅 기간 동안, 수많은 회사와 접촉하면서 커리어와 프로페셔널리즘에 대해 자신만의 시각을 확립하게 된다. 싱가포르, 유럽, 미국 회사와 인터뷰를 진행하다 보면 작은 회사라 하더라도, "어떻게 저런 애티튜드로 인터뷰를 하지?" 라는 생각이 드는 경우가 많지 않다.

반면, 한국의 몇몇 인터뷰어들은 "저 정도 레벨의 회사가 어떻게 저렇게 unprofessional 하지?" 라는 생각이 들 정도로 매너리즘에 빠진 경우가 종종 있었다. 한국의 직장 문화도 급변하고 있고, 대다수는 프로페셔널 하다고 생각한다. 하지만, 한국 같이 고용 안정성이 높은 나라에서는 커리어와 프로페셔널리즘에 대한 인식이 부족한 경우가 생기는 듯하는데 해외 MBA 리크루팅 과정에서 프로페셔널리즘에 대한 자신만의 시각을 확립하게 될 것이다.

한편, 비 커리어 측면에서 얻을 수 있는 것들은 무엇일까?

첫째, 일과 가정을 다 챙기면서 살 수도 있겠다는 긍정적 시각과 마인드가 생긴다. 해외 MBA를 가게 되면 부부가 각자의 커리어를 살려가는 커플들을 많이 접하게 된다. 부부 모두 경제 활동을 하는 여러 사례를 접하면서, 일을 하면서도 가정을 꾸릴 수 있겠다라는 시각이 자연스레 생긴다. 한국의 많은 여성들이 '일 아니면 가정', 이런 양자택일의 시각을 갖고 있으나, 싱가포르, 중국, 동남아, 유럽, 러시아, 미국의 다양한 Dual Career 커플을 접하게 되면서, 일과 가정은 양자택일이 아니라 부부가 유연성을 갖고 함께 길을 찾아가는 것이라는 인식을 갖게 되었다.

두번째, 내 생각을 더욱 정확하게 피력할 수 있는 역량, 용기가 생긴다. 한국 사회에서 가장 발전시키기 어려운 게 자신의 생각을 정확하게 피력하는 능력과 용기라고 생각한다. 한국에서는 주변의 파급 효과를 먼저 고려하느라 내가 하고 싶은 말을 정작 못하게 되는 경우가 많다. 하지만 MBA에서 여러 사례의 수집을 통해 내린 결론은, 내 생각을 정확하게 어필하는 게 단기적으로는 불편과 당황을 초래하는 것 같아도 장기적으로는 더 낫다 라는 것이다. 직장에서 당장 내 생각이 반영되지 않는다 하더라도, 계속 말을 해 놓는 것과 속으로만 꿍해 있는 것은 천지 차이라고 생각한다. 이러한 생각에 확신을 갖게 되고 용기를 갖게 되기까지 해외 MBA에서의 학습이 큰 영향을 줬다고 생각한다.

그 외에도 나 자신을 객관적으로 보는 시각을 갖게 된다. '열심히 하겠습니다'가 아니라, 시장에서 내가 어떤 가치가 있고, 어떤 메리트가 있는지, 나와 비슷한 스킬 셋을 가진 사람이 시장에 얼마나 있는지에 대해 내 입장이 아니라 고용주 입장에서 계속 생각해 보게 된다.

다양성에 대한 존중 또한 해외 MBA에서 얻을 수 있는 시각이다. 한국에서는 상대적으로 '너와 나는 생각이 비슷하거나 같을 것이다' 라고 생각한다. 하지만 해외에서는 '너와 나는 생각이 다르다' 라고 전제한다. 나의 기본 전제가 통하지 않을 수 있다는 생각만으로도 시각이 크게 전환된다.

해외 MBA 이후 얻을 수 없는 것

각 MBA졸업생의 기대치, 니즈는 다를 수 있지만, '나는 MBA에서 기대한 것만큼 얻지 못했다' 라고 하는 경우는 크게 세 가지 요인 때문이다. (1) 내가 준비가 안 돼 있거나 (2) 내 기대치가 너무 높았거나 (3) 매크로 레벨의 경제 상황에 대한 리서치/이해가 부족하거나.

첫번째, 내가 준비가 안 된 경우에 대해 살펴보자. MBA 가기 전에 "뭐 해야 될지 모르겠어요" 하는 사람은 끝나고도 모를 가능성이 크다. 이곳은 뭐 해야 될지 찾는 곳이 아니라 내 가정을 검증하는 곳이다. 이건 MBA 기간 내내, 특히 후반부에 절실히 느꼈던 점이다. 내 현 직장의 인적 인프라가 열악해서 100% 확신을 가질 만한 답을 못 찾을 수 있긴 하다. 하지만 최소한의 '가정'이라는 걸 갖고 입학해야 한다.

최소한 '나는 X 업계에서 Y 업무를 해서 3~5년 후에 어떤 모습이 되도록 해봐야겠다' 라는 가설을 갖고 온 후, MBA에서 다양한 영향을 받으며 X 업계의 범주를 확장하기도 하고, Y 업무의 범위를 넓히면서 가설을 검증해야 한다. 이런 가정이 없다면 입학하기도 어렵겠지만, 어떻게 운 좋게 입학 사정관들을 잘 설득해서 입학했다 해도 답을 못 찾고 갈 가능성이 크다고 본다. 이런 학생들의 특징이, MBA 기간 내내 뭐 해야 될지 모르겠다고 한다. 이렇게 접근하면 아마 내년에도 모르고, 그 내년에도 모르지 않을까?

    또한, MBA 가기 전에 근로 의욕이 없는 사람이 MBA 덕분에 근로 의욕이 활활 살아날 가능성은 희박하다. 가끔 저자 주변에 "회사가 너무 후지고 보스가 이상해서 일할 마음이 없어… 딱히 재미도 없고 해서 공부나 해볼까 해" 라고 말하는 사람들이 있는데, 이런 경우엔 살짝 겁을 더 줘서 못 오게 하고 있을 정도이다. 이런 의욕이면 MBA를 하지 않는 게 개인과 사회의 Optimal 한 결정이라고 생각한다.

    MBA 오면 하루가 어떻게 가는지 모르게 바쁘다. 심할 때는 화장실 가거나 물 뜨러 갈 시간조차 없던 적도 있었다. 스트레스도 심하고 웬만한 멘탈 로는 자기중심조차 잡기 힘든 곳이다. 그런데 딱히 일과 커리어에 의욕 없는 사람이 MBA를 통해서 커리어 욕심이 갑자기 생기고 삶에 의욕이 생길까? 오히려 월급 받으면서 심심하고 힘든 게 낫지, 잘못하면 바쁘고 스트레스 받고 돈 쓰면서 miserable 해질 수 있다. MBA material (MBA가 잘 맞는 특성을 가진 사람)인 경우엔 MBA 오기 전에도 근로 의욕이 넘치고 기존에 일도 잘하고 있으며 유학 가려고 갈 때 주위 사람들이 아쉬워하는 게 일반적이다. 상황이 아무리 후져도 주어진 여건 내에서 일에 욕심을 갖고 어떻게 든 성과를 만들어 놓고 와야 한다.

    두번째, 내 기대치가 너무 높은 경우이다. 앞서 얘기 한 대로,

MBA를 통해 location, industry, function을 다 바꿀 가능성은 (그것도 졸업 전에) 낮은 편이다. 의욕이 많은 분들은 세 가지를 한꺼번에 다 바꿔보려고 하는 경우가 있는데, 이건 정말 쉽지 않은 일이다. 가끔 입학 설명회에서 세 가지를 다 바꾼 케이스를 소개해 주기도 하는데, 이런 경우는 지원자들이 어리고 경력이 짧은 미국 MBA 내 미국 학생 얘기 거나 (그러나 한국인들이 보통 25살 때 MBA에 가지는 않는다는 점을 감안해야 한다) 운이 정말 좋은 경우이다. 그래서 세 가지를 한 번에, 그것도 졸업 전에 바꿔야겠다 한다면, 기대치를 좀 조정해야 하는 게 아닐까 싶다.

세번째, 매크로 레벨의 경제 상황에 대한 리서치/이해 부족이다. MBA 과정을 운영하는 학교가 글로벌 거시 경제 상황을 거슬러 잡을 찾게 해줄 수는 없다. 이는 경험을 해보며 느낄 수 있는 포인트로, 지금 GMAT 학원에서 공부하는 한국인 지원자들에게 백 날 말해줘도 소수만이 이해하고 동의하지 않을까 싶다.

MBA 과정의 커리어 팀이 도움이 되네 안되네 의견이 분분한데, 저자가 보기엔 기본적으로 학교는 항상 학생들이 잘 되길 바란다 (그래야 또 계속 신입생 유치가 되니까). 그리고 학교 커리어 센터를 잘 활용하면 분명 많은 도움을 얻을 수 있다. 다만 학교가 정부 기관도 아니고, 어디까지나 정부 정책, 특정 거시 경제 상황 속의 작은 한 조직일 뿐이다.

잡 마켓에서는 아무리 내가 잘 났고, 열심히 리크루팅 했고, 학교도 학생을 도와주려고 백방으로 노력을 해도 어찌 할 수 없는 상황들이 있다. 이제는 "뭐든지 하면 된다!"라고 믿는 고3 학생이 아닌 것이다. 현실을 정확하게 이해하고, 리서치도 충분히 해야 한다. 예를 들어, 한국인 A 씨가 한국에서 컨설팅 혹은 대기업에서 일을 했고 영어도 정말 잘 하고 똑똑하며 케이스 풀이의 신이라고 쳐보자. 그리고 그녀의 목표는 싱가포르에서 MBB (McKinsey, BCG, Bain, 즉 최고의 전략 컨설팅 펌들을 일컫는 줄임말) 컨설턴트가 되는 것이라고 쳐보자.

2019년 시점에서 이건 절대 불가능 했다. 왜냐면, 2018년부터 싱가포르 정부에서 MBB 컨설턴트는 자기 나라 국민/PR (Permanent Resident)만 채용하도록 했기 때문이다. 이런 걸 모르고 MBA 학교에 가서 "나는 싱가포르에서 MBB 컨설턴트 하고 싶은데, 열심히 하면 되지 않을까요?" 해봤자 절대 안 된다. 그래서 충분한 리서치가 필요한 것이다. 게다가 이런 국가 정책은 계속 변화한다. 이런 정보는 찾기 힘들긴 하지만, 영어권 매체에서 신빙성 있는 기사를 찾아보고 Top MBA의 최근 졸업생들과 cross-check 하다 보면 알 수 있다.

저자가 MBA 진학 전에 일하던 분야인 테크 업계만 한정시켜서 놓고 보면 2019년 시점 기준 거의 불가능 한 것과 가능한 것은 다음과 같았다.

- 거의 불가능: 미국 시민권/영주권 없는 사람이 MBA (비 STEM 전공)학위를 통해 미국 내 잡을 찾는 것

- 가능: 싱가포르, 자카르타, 방콕, 두바이, 암스테르담, 스톡홀름, 파리 (불어가 된다면), 베를린, 토론토, 밴쿠버 등의 도시에서 테크 분야에 뚜렷한 경력이 있으면 지원해 볼 만함

그렇게 놓고 보면, 테크 분야에서 꼭 해외 취업을 하겠다 라는 목표가 있다면 어느 지역, 어느 MBA를 가면 좋을지도 역으로 계산이 가능해진다. 또한 이런 목표를 가진 사람과 컨설팅/IB를 하겠다 라는 목표를 가진 사람은 Decision making process 가 다를 것이다.

그런데 이런 얘기를 지금 서울에 있는 GMAT 학원에 가서, "상황이 이러하니 자기 목표에 따라 Decision making process를 거친 후 관심 취업 지역과 가까운 학교를 가세요!" 라고 하면 아마 학생들에게는 잘 와닿지 않을 것이라 생각한다.

'잘 모르겠고 미국 탑 스쿨 가야지' 이럴 것인데, 이렇게 생각하는 이유는 한국에서 제일 약한 교육/사고 훈련 중 하나인 '독립

적 사고 능력'와 큰 관련이 있다고 생각한다. 우리나라에서만 살고 교육을 받다 보면, 다른 사람의 주장과 근거를 분리해서 듣고, 근거가 자신에게 적용되는 얘기인지 판단하는 능력이 많이 부족해진다고 생각한다. '남들이 좋다면 좋겠거니', 이런 사고의 흐름을 갖는 경우가 많다.

미국 명문 MBA에서의 학위 취득 자체가 목표라면, 혹은 한국에서 컨설팅/IB 취업이 목표라면 그렇게 생각해도 되는데, 해외 취업을 하려고 한다면, 거시 경제와 관련된 리서치를 정말 많이 해야한다. 왜냐하면 본론으로 돌아가, 결국 학교가 매크로 경제 상황을 거슬러 취업을 시켜줄 수 없기 때문이다.

2. 사전 조사 - 준비 기간과 비용

풀타임 직장인 기준 소요 기간

중간에 쉬거나 방황하지 않고 쭉 진행한다는 전제 하에, MBA 입학 준비 기간은 약 1~2년 정도 걸린다. 준비의 핵심은 3가지 요소를 마련하는 것이다.

핵심 3가지 요소 및 이상적인 소요 기간

1. GMAT: 3~4개월 내 점수 확보
2. 에세이: 3개월 간 초안 작성, 구체화, 마무리
3. 기타 입학 요건: 레쥬메, 추천서, 원서 접수, 네트워킹 등

미국 MBA 라운드 1 및 INSEAD September Intake 기준으로 작성한 이상적인 타임라인은 다음과 같다. 대부분의 MBA들이 라운드 1, 2, 3 과 같이 서너 번에 나누어 원서를 받고 심사하는데, 일정은 매해 조금씩 바뀐다. 보통 매해 여름부터 학교별 Info Session 이 시작하며, 가을까지 The MBA Tour 등 오프라인 MBA 이벤트가 많이 진행된다.

1 월	2 월	3 월	4 월
지맷 끝내기			
5 월	6 월	7 월	8 월
에세이 소재 발굴, 영어 점수 마련, 레쥬메 준비		학교 인포 세션 및 주요 MBA 설명회 참석*, Alumni 네트워킹, 에세이 상세화	
9 월	10 월	11 월	12 월
추천서 마련, Round 1 학교 1~2 곳 지원		Round 1 인터뷰 진행, Round 2 준비	
1 월	2 월	3 월	4 월
Round 2 학교 2~3 곳 지원	Round 2 인터뷰 진행	합격자 발표	

표 2.1 이상적인 타임라인

참고로, 이상적 타임라인이라고 하는 이유는 이게 말 그대로 '정말 이상적' 이기 때문이다. 내가 다시 준비하던 때로 돌아가면 딱 저렇게 하고 싶다.

실제 나의 타임라인은 이랬기 때문에.

2016년 3월	4월	5월	6월
진지한 결심 후 GMAT Official Guide 구매, 그 사이에 회사일이 엄청 바쁘고 출장도 많아서 대강 대강 OG 를 품. GMAT 이 토플 같은 영어시험인 줄 알았다.			**첫 GMAT 시험.** 충격 받고 시험 점수 캔슬
7월	8월	9월	10월
덥기도 하고 의욕 상실 되어 별 진척 없음	GMAT 인강 수강 인강 3 개월의 결론은, GMAT 은 인강으로 이해가 잘 안되니 학원에 가자는 것		
11월	12월	2017년 1월	2월
회사의 휴직 제도를 알아봄, 2017 년 3 월 대리 진급 이후 3 개월 간 휴직 하기로 결정			
3월	4월	5월	6월
휴직 후, 켄프렙 학원 주중 종합반 1 달 수강	주중 Final 종합반 1 달 수강. 4 월 초 2 번째 지맷 시험 (제출용 점수 획득) , 아쉬운 마음에 4 월 말 **3 번째 지맷 시험** (오히려 점수 대폭 하락)	5 월 중순 **4 번째 지맷 시험** (살짝 오름) , 휴직 기간이 끝나면서 GMAT 은 이제 끝이라고 생각	에세이 초안에 대해 생각하기 시작
7월	8월	9월	10월
이때 쓸데없는 행동을 함 : 높아져만 가는 GMAT 평균 점수에 충격을 받고 다시 한번 켄프렙 주말 Final 종합반 수강. 7 월 말 **5 번째 지맷 시험**을 보았으나, 별 볼 일 없는 점수가 나오면서 캔슬, 진짜로 GMAT 마감. 레쥬메 완료, 토플 및 IELTS 시험, 학교 Info Session 및 MBA Tour 등 참석, 입학담당자 1:1 미팅, Alumni 네트워킹, 미국 MBA 지원 패키지 준비			미국 MBA 1 개 학교 1 라운드에 지원
11월	12월	2018년 1월	2월
미국 MBA 인터뷰, 영국 MBA 3 개 학교 지원 패키지 준비, IELTS 시험	**미국 MBA 1 개 학교 최종 합격**, 영국 MBA 3 개 학교 원서 제출	3 개 학교 인터뷰 인비, INSEAD 3 라운드 지원	영국 MBA 3 개 학교 인터뷰
3월	4월		
INSEAD 인터뷰, **4 개 학교 최종 합격**	**INSEAD 로 진학 결정**		

표 2.2 현실 타임라인

스스로 평가해보자면 GMAT 점수가 마련된 후부터는 준비 작업이 효율적으로 이루어졌다고 생각한다. 아쉬운 점은 GMAT 준비에 방향을 못 잡고 거의 1년 가까이 허비한 것이다. 뒤에서 더 자세히 얘기하겠지만 GMAT 은 결코 우습게 생각할 것이 아니다.

크게 3가지 항목의 비용을 고려해야 한다. MBA 지원에 필요한 비용 (각종 학원비, 시험 응시료, 원서 접수비 등), MBA 과정 학비 및 생활비, 그리고 1~2년 간의 연봉 상실로 인한 기회비용이다.

1) MBA 지원에 필요한 비용

(1) GMAT 관련

2023년 기준, GMAT 응시료는 Test Center 응시 기준 US$275/1회, Online 응시 기준 US$300/1회이다. 가격 정책이 업데이트 되기도 하니, 가장 정확한 정보는 GMAT 홈페이지 (https://www.mba.com/exams/gmat-exam)에서 확인하는 것이 좋다.

서울에 있는 GMAT 전문 학원에 다닐 경우, 학원비는 약 60~70만 원/1달이다. Official Guide to GMAT 라는 책은 GMAT 시험의 주관사인 GMAC에서 매해 발간하는 공식 시험 교재인데, 줄여서 'OG'라고 불리며 GMAT 공부에 가장 중심이 되는 책이다.[1] OG 교재비 포함, 부가적인 학원 교재비 포함하면 교재비로 10

---

[1] 2023년 기준 최신판은 다음 링크에서 확인할 수 있다.

만 원 이상 든다.

학원을 길게 다니고 시험을 여러 번 볼수록 쓰는 돈이 늘어나므로, 개인차가 클 수밖에 없다. 저자의 경우 GMAT 시험을 5번 응시했다. 어떤 분들은 GMAT 전문 학원 선생님과 1:1 과외를 하기도 한다.

(2) IELTS 혹은 TOEFL

2023년 기준 IELTS 응시료는 Online 응시 기준 US$191.42, Paper/Computer 응시 기준 28만 6천원/1회, TOEFL 응시 료가 $220/1회이다.

GMAT에 비교해 봤을 때, IELTS와 TOEFL 학원은 대중적이어서 전문 학원의 선택지도 많고 학원비 또한 상대적으로 저렴한 편이다. 취약한 한 두 과목 수업만 들을 경우 비용은 30만원/1달 정도, 전 과목 수업을 듣는다면 50~60만원/1달이다. 영어 시험 또한 응시 횟수가 늘어날수록 비용 부담이 늘어날 것이다.

(1), (2)번 항목 소요 비용에 개인차가 있다지만 사실 (3)번 이

---

https://www.mba.com/exam-prep/gmat-official-guide-2022-ebook-and-online-question-bank

후부터 개인차에 따라 소요 비용이 정말 크게 벌어질 수 있다. 영어를 얼마나 잘 하느냐, 얼마나 스스로 발품을 파느냐, 주위에 어떤 인적 네트워크가 있느냐에 따라 천차 만별이다.

(3) 에세이/레쥬메

다음과 같이 크게 세 가지 선택지가 있다.

● 옵션 1: 지인들에게 피드백 받기

스스로 에세이, 레쥬메를 작성한 후 지인들에게 피드백을 받아서 에세이와 레쥬메를 완성한다면 지인들에게 사례하는 정도의 비용만 들 것이다.

● 옵션 2: Editing/Proofreading 서비스 이용하기

MBA 에세이 Editing/Proofreading (주로 문법, 워딩, 표현법, 오탈자 교정 등) 서비스만 진행하는 국내외 업체가 정말 많다. 나는 Ringle (https://www.ringleplus.com) 이라는 1:1 영어 튜터링을 통해 첨삭했는데, 2017년 기준 총 5개 학교의 에세이/레쥬메/추천서 editing에 100만원 정도 들었다.

심각한 문법 오류, 오탈자 교정을 중심으로 하는 Proof reading 서비스의 경우, 글자수 기준으로 비용이 매겨지고, Essay Edge (https://www.essayedge.com/) 같은 경우 1,000자 에디팅에 10만 원 정도 든다.

저자가 가격을 언급한 이유는 독자분들께서 본격적인 입학 준비를 하기 전 대략적인 가격 범위에 대한 정보를 얻기 바라기 위함이다. 정확한 가격은 계속 업데이트 되니, 본격적인 입학 준비를 시작하는 경우, 업체별로 스스로 리서치 할 것을 권한다.

● 옵션 3: 컨설팅 업체 활용하기

컨설팅에 대해서는 뒤에서 좀 더 자세히 얘기하겠다. 보통 지원자가 자신의 입학 관련 정보를 업체에 제공하면, 이에 대해 입시 컨설턴트 분들이 지원자로서의 강점과 약점을 분석해준다. 그리고 자신들의 프레임워크 등을 활용해 지원에 필요한 모든 내용 (에세이, 레쥬메, 추천서, 기타 Online Application에 들어가는 모든 입력 사항들)에 대해 아이디에이션, 뼈대 잡기, 첨삭 등을 도와준다. 인터뷰 연습 까지도 도와주는 경우도 많다.

첫번째 학교에 대략 300~400만원, 두번째 학교 추가 시 300만 원 추가, 세번째 학교 추가 시 250만원 추가, 이런 식으로 비용이 매겨지며 4개 학교를 지원하면 대략 1,000만 원가량 소요된다.

(4) 인터뷰 연습 (Mock Interview)

크게 두 가지 선택지가 있다.

● 옵션 1: 지인들과 진행하고 피드백 받기

MBA 과정을 졸업했거나, 영어로 모의 인터뷰를 진행할 수 있는 지인으로부터 도움을 받는 방안이 있다.

● 옵션 2: 서비스 이용하기

Mock-interview 서비스를 신청해서 진행한다면 1회에 5만 원 정도 소요된다. 일반적으로 3~4번 정도 진행해 보면 도움이 된다.

(5) 학교 원서 접수비

학교마다 차이가 있지만 보통 한 학교에 원서를 접수하는 데에 수수료가 23~33만원 정도 든다. 간혹 학교에서 원하는 백그라운드의 지원을 장려하기 위해 Application Fee Waiver라고 하여 원서 접수비를 면제해 주기도 한다.

(6) 기타

추천서를 지원자 본인이 작성하는 경우가 많은데 이를 본인이 Proof reading까지 한다면 별도의 첨삭 비용이 들 수 있다. 추천인 분들, MBA 지원을 도와준 지인들에게 사례를 하다 보면 조금씩 비용이 추가될 수도 있겠다. 원서 접수 이후 인터뷰 초대를 받아, 해외 MBA 캠퍼스에서 face-to-face 인터뷰를 선택하게 되면 여행 경비도 추가될 수 있다.

2) MBA 과정 학비 및 생활비

(1) 학비 (Tuition Fee)

Full-time MBA 기준으로 다음과 같다.

- 아시아 MBA (12~17 개월): 약 8 천만 원[2]
- 유럽 MBA (10 개월~21 개월): 약 1 억 4 천만 원~1 억 8 천만 원[3]
- 미국 MBA (24 개월): 약 2 억 2 천만 원[4]

---

[2] 싱가포르 NUS MBA 2024년 8월 입학자 기준 학비 약 8,600만 원 이다 (https://mba.nus.edu.sg/admissions-and-funding/#fees-scholarships-financing).

[3] INSEAD MBA 2024년 1월 입학생 기준 학비 98,500유로, 약 1 억 4천만 원 이다 (https://www.insead.edu/master-programmes/master-business-administration/financing).
London Business School MBA 2023년 입학생 기준 학비 109,700파운드, 약 1억 8천만 원 이다 (https://www.london.edu/masters-degrees/mba/fees-financing-and-scholarships).

[4] Chicago Booth MBA 2023년 9월 입학생 기준 2년 간 학비 US$161,922, 약 2억 2천만 원이다 (https://www.chicagobooth.edu/mba/full-time/admissions/cost).

학비의 경우, 회사 스폰서십을 통해 MBA에 진학하는 경우에는 해당사항이 없겠다. 한편, 학교로부터 장학금을 받아 학비 전액을 지불하지 않는 합격자들이 많다. 개발도상국 출신이거나 엄청난 커리어의 소유자가 아닌 이상 전액 장학금은 거의 없는 것으로 알려져 있고, 학비의 10~40%에 해당하는 장학금 정도 받게 될 수 있다.

보통 학교 장학금은 누가 받느냐?

① GMAT 점수가 740점 이상 되거나, ② 학교의 다양성 증진에 기여하는 경우 (여성/개발도상국/흥미로운 커리어), ③ 재정 형편이 힘들다는 것이 납득이 되는 경우 장학금 받을 가능성이 커진다.

한편, 학교에서 주는 장학금 외에도 동문회, 각종 산업별 협회에서 주는 다양한 장학금이 많기 때문에 꼭 알아보길 바란다. 합격 이후 각 학교별 지원 가능한 장학금의 정확한 리스트에 대해 알 수 있다. 장학금 재단의 운영 목적에 따라 특정 인더스트리 종사자에게만 수여하는 경우도 있고, 중복 수혜가 가능한 경우도 있다.

(2) 생활비 (월세, 식비 등)

2018년 시점엔 월세와 기본적인 생활비를 합쳐 1년에 2천 5백만원 정도가 중위 값이었다. 하지만 생활비는 정말 천차만별이라 딱 잘라 말하기 어렵다. 국가, 지역, 차 유무, 여행 빈도, 트랙 참여

빈도, 특히 가족 동반 여부에 따라서 많이 달라진다.

예를 들어, 미국 Columbia Business School에 간다면 뉴욕 물가와 월세를 부담해야 하니 미국 내 타 지역 대비 비용이 더 들 수 있고, 영국 London Business School에 입학하여 런던의 좋은 플랫에서 혼자 살려고 한다면 월세가 정말 많이 들 것이다. 학교 홈페이지에서 학비 외에도 예상 생활비를 대략적으로 알려주는 경우가 많으니 이런 정보는 꼭 사전에 체크해 보자.[5]

3) 기회 비용

MBA 수학 기간 동안 돈을 벌지 못하면서 상실하게 되는 1-2년 간의 연봉 또한 기회 비용이라고 할 수 있다. 주로 낮은 연차보다는 높은 연차의 분들이 진지하게 고민하는 부분이다.

여기까지 해외 MBA 지원 준비를 위해 정말 기본적인 정보들을 살펴보았다. 이제 본격적으로 시작해 보자.

---

[5] INSEAD MBA Tuition and Cost (https://www.insead.edu/master-programmes/mba/financing#MBA-Cost-Tuition-Fees-136381)

3. 학교 선정, 이상과 현실의 균형

내 삶을 너무 버겁게 만들지 않을 정도의 부담

만약 당신이 학비 조달과 관련해 아무런 제약 조건이 없다면, 이 부분은 스킵 하셔도 좋다. 그렇지 않고, 내가 쓸 수 있는 자산에 한계가 있다면 이 부분을 주의 깊게 들어 보길 바란다.

해외 MBA 과정을 준비, 실행, 졸업까지 한 후 가장 큰 배움은 남의 말은 어디까지나 참고만 하고 최종 결정은 내가 한다는 것, 그리고 해외 Top MBA의 영광도 빚도 다 나의 몫이란 것이다.

요즘엔 교육/학교에 대한 관점도 급속하게 바뀌어 가는 것 같긴 하지만, 출신 학교를 중요하게 생각하는 대부분의 한국인은 최고의 학교를 가면 무조건 좋다고 생각하는 경향이 있다. 하지만, 이러한 관점이 해외 MBA 과정에서는 꼭 맞지 않다고 생각한다. 학부처럼 필수 과정이 아닌 선택 과정인 석사 학위 이상부터는 ROI 측면, 시간과 비용 측면에서의 타당성을 검토하는 게 필수다.

아직도 어떤 지역, 어느 나라에 있는 학교를 가고 싶은지에 대한 깊은 생각 없이 랭킹만 들여다보고 있는가? 진지하게 MBA 진학을 고민해본 적 없는 사람들이 툭툭 던진 말을 듣거나, 근거 없는 유학 게시판 댓글을 보고 내 마음 속 학교 순위를 올렸다 내렸다 하며 심하게 고민하는가?

꼭 하고 싶은 말은, 익명 게시판의 댓글은 그만 보고 실제로 해외 MBA 과정을 진행하는 일에 대해 마음 속 시각화 작업(Visualisation)을 해보라는 것이다.

외국의 Full-time MBA 과정 학생으로서 1~2년이 흐르는 것을 상상해보고, 내 통장에서 수만 달러/유로가 순식 간에 이체되어 잔고가 0이 되는 것, 혹은 내 명의로 몇 천 만원의 학자금 대출을 받는 것을 상상해 보길 바란다. 그리고 내가 감당할 수 있는 시간과 비용의 한계를 잘 생각해 보아야 한다. 결국엔 유학 게시판 댓글러 혹은 유학 컨설턴트, 아는 사람이 나를 대신하여 학자금을 내주지 않는다. 대도시면 대도시 나름대로, 시골이면 시골 나름대로 어려움이 있는 외국 생활을 나 대신해줄 것도 아니다.

현실적인 관점으로 유학을 계획해야 한다는 것이다.

서울에서 열리는 학교 Info Session에 다녀오고, 학원에서 지인들과 MBA 얘기를 할 때까지는 이 말이 실감나지 않을 것이다. 나도 그랬다. 그러다 합격 소식을 받고 은행에서 첫 번째 할부 등록금 1,300만원을 이체했을 때, 이게 전적으로 나의 부담 하에 이루어지는구나 하며 실감이 났었고, 3개가 넘는 캐리어를 갖고 파리 샤를 드 골 공항에 도착한 후 보더에서 내 학생비자를 보여주고 통과했을 때, 해외 MBA는 정말 내 책임이구나 싶었다.

네임 벨류가 좋으나 너무나 비싼 A 학교, 네임 벨류는 살짝 약하지만 내가 얻고자 하는 것을 다 주면서도 경제적 부담이 반 이하에 불과한 B 학교를 두고 고민을 하는 지인 H와 상담을 하면서,

꼭 이 부분을 강조하고 싶었다. 본인의 마음 속 순위가 높은데 장학금이 없는 학교 vs. 마음 속 순위가 약간 떨어지지만 (그렇지만 여전히 좋은) 장학금이 있는 학교라면 후자를 신중하게 검토해 볼 필요가 있다.

해외 MBA는 전적으로 내 부담과 책임 하에 진행하는 일이다. 남이 나 대신 학자금 내주지 않는다. 다른 누군가가 "이 학교가 최고로 좋은 학교야"라고 하더라도, 이 과정이 내 최종 목표 (End-Goal)를 위해 꼭 필요한 것인지, 그리고 졸업 후 내 삶을 너무 버겁게 만들지 않을 정도의 금전적/시간적 부담인지 냉정하게 생각하고 타겟 학교를 정하길 바란다.

지역 선정은 졸업 후 나의 희망사항에 따라

다른 난관은 모든 MBA 준비생이 비슷하게 겪을 것이다. GMAT의 어려움, 에세이 작성의 고통, 추천서 받기의 뻘쭘함 등. 그런데 어느 국가/지역의 MBA를 갈 것인가라는 문제 앞에서는 사람마다 느끼는 어려움이 굉장히 다를 수 있다. 어떤 사람에게는 고민도 아닐 문제이지만, 어떤 이에겐 이 고민으로 머리가 터질 것 같을 수도 있다.

가장 쉽게 결정하시는 분들은, 특정 국가/지역에 연고가 있거나

가족이 있어서 꼭 그 곳을 가야 하는 경우이다. 가족이 모두 미국 시민권자이고 미국에 살기 때문에 그 곳에 가야 한다 거나, 와이프가 싱가포르에서 일을 하고 있어서 싱가포르에 있는 학교만 지원한다 거나 등등. 이런 분들은 학교 선정 작업이 정말 심플하다. 물리적, 합법적으로 그 장소에 있기 위해 학업을 알아보던 중, 겸사 겸사 MBA를 하려는 분들도 꽤 있다.

가장 고민을 많이 하시게 되는 분들은, 오로지 랭킹과 명성으로만 결정하시려는 분이 아닐까 싶다. 한국에서는 고등학교 때부터, '잘 모를 땐 성적순대로' 라는 생각으로 만사를 결정해온 사람들이 많다. 저자가 고등학생 때는 '성적이 적성'이란 말도 있었다. 그래서 해외 MBA를 선택하는 과정에서도 오로지 랭킹과 명성으로만 결정하려는 분들을 보곤 한다. 그런데 MBA는 한국 대입처럼 심플하게 랭킹을 매길 수가 없으며, 한 학교의 순위가 발표 기관에 따라, 연도에 따라, 특정 기준이나 관점에 따라 많이 차이 나기도 한다. 학교 선정을 랭킹만으로 결정하기 어려운 것이다.

다른 의견도 있을 수 있지만, 합리적인 국가/지역 선정 기준은 졸업 후 나의 목표와 희망사항에 따라 정해야 한다고 생각한다. 우선 졸업 후 내가 있고 싶은 곳을 기준으로 지역 선정을 한다. 미국에서 살고 싶다면 어떻게 해서 든 미국 MBA를 가야 하는 것이고, 독일, 네덜란드 등 유럽에서 살고 싶다면 유럽 MBA, 싱가포르에서 살고 싶다면 싱가포르 MBA.

만약 한국에서 인정받고 더 높은 연봉을 받는 것이 목표라면 미국의 Top 16개 학교와 유럽 Top 2~3개 학교, 혹은 국내 명문 대학교의 MBA를 하는 것도 좋은 방안이다.

이렇게 지역을 선정한 후에는 도시나 시골 소재 여부를 고려해 보아야 한다. 대도시 한복판에 있는 MBA에서 생활하고 싶은 지, 혹은 한적한 시골의 MBA에서 생활하고 싶은 지 생각해 보라. 도시적 성향이 강한 곳은 회사 네트워킹 등이 편리하나, 학생들 간의 유대감이나 수업 커리큘럼에 대한 집중도가 상대적으로 떨어질 수 있다. 시골 성향이 강한 곳은 반대로 회사 네트워킹이 약간 어려울 수 있으나 (랭킹이 높은 학교는 회사에서 학교로 직접 방문하기 때문에 크게 상관없다), 학생들의 유대감이 높고 수업에 대한 집중도가 높은 편이다.

그리고 학교의 집중 분야, 명성이 있는 분야가 자신과 맞는 곳인지 살펴보라. 이 부분이 굉장히 중요한 이유가, 학교에 갔더니 학생들 대다수가 컨설팅만 준비하는 곳에서 혼자만 완전히 다른 분야만 판다는 게 아주 쉬운 일은 아니다. 어떤 학교는 학생들 대다수가 테크, IT 회사 리크루팅만 파고 있을 수도 있고, 어떤 학교의 학생은 대기업의 General Management 분야에만 관심이 많을 수도 있다.

이런 부분을 다 살펴본 후, 비슷한 랭킹의 학교라고 하면 더 좋은 랭킹의 학교를 목표로 하면 된다. MBA 랭킹을 제공하는 기관은 정말 많은데, 많이 인용되는 랭킹으로는 대략 유럽계 기관 랭킹 (The Economist, Financial Times, QS World University Rankings)

그리고 미국계 기관 랭킹 (Bloomberg, US News, Forbes)이 있으며 각 기관의 조사 방식 및 가중치에 따라 같은 학교도 랭킹이 조금씩 다르다. 어느 기관이 더 공신력 있는가에 대해서 의견이 분분하기 때문에, 랭킹 제공 기관명만 적었고, 특정 기관의 랭킹을 굳이 제시하지 않으려 한다.

Step 2. 이제 진짜 마음의 준비가 된 당신께

4. 그 모든 작업을 시작하기에 앞서

어떤 일들은 돌이켜 봤을 때 새롭게 보인다. 나에겐 MBA 지원 과정이 그렇다. 내가 지원 준비할 당시에, 다른 무엇보다도 이런 고민이 최대 고민이었다.

'내가 GMAT 점수를 낼 수 있을까?'

'토플 115점은 기본이라 던데 이 점수가 안 나오면 어떡하지?'

'올해 지원자 수가 엄청 늘었다 던데… 왜 하필 내가 지원하려니 이러나'

요점은 지원에 필요한 요건 하나 하나에 너무 몰두한 나머지, 전체를 보는 시각을 놓치기 쉽다는 것이다. 졸업하고 나서야 '왜 학교 입장에서 나를 뽑았을까?' 자문했다. 그리고 그 답도 알았다.

INSEAD의 퐁텐블로 캠퍼스 교정에서 수업을 듣는데, 어느 교수님이 "지금도 당신 (학생)이 앉아 있는 자리에 당신을 대신해서 오고 싶은 사람이 정말 많다"고 했던 기억이 난다.

정말 그 많은 지원자들 중 왜 나를 뽑았을까?

해외 MBA 지원 과정의 모든 시작에 앞서 중요한 단 하나의 질문은 '왜 학교에서 나를 뽑아야 할까?' 이다. 내 꿈의 학교 X MBA에서 이미 나를 뽑았다고 가정하고, 스스로에게 이 질문을 해 보자.

"X MBA는 나를 왜 뽑았을까?"

저자를 합격시킨 이유는 크게 3가지라고 생각한다. 첫째, 졸업 후 취직 가능성 (Employability)이 높음, 둘째, 다양성 (Diversity) 에 기여함, 셋째, 특별히 심각한 마이너스 요소가 없음이었을 것이 라 본다.

첫번째 항목, 졸업 후 취직 가능성과 관련해서 부연하자면, MBA 학교 랭킹의 여러 평가 지표 중 빠지지 않는 핵심 지표가 'MBA 졸업 후 3개월 이내 취직률'이다. 학교에서는 애당초 졸업 후 취업 가능성이 높은 사람을 뽑고 싶어 한다. 네임 밸류 있는 글 로벌 컴퍼니에서 몇 년간 해외 사업 개발, 서비스 전략 및 운영이 라는 업무를 해왔던 사람이라면, 졸업 후에 취직은 잘 될 거라는 생각에서 나를 뽑았다고 생각한다.

두번째 항목이 다양성인데, 일반적으로 MBA 학교에서 아시아 인 여성은 소수에 속한다고 볼 수 있다. 보통 MBA 학교의 여성 비율은 25~40% 이내이고, 많은 학교들이 MBA 여학생 비율을 높 이고 싶어한다. 왜냐하면, '다양한 백그라운드를 가진 사람의 비율' 또한 MBA 랭킹을 결정하는 주요 지표 중 하나이기 때문이다. 저자와 같이 아시아인 + 여성 + 테크 경력을 가진 사람은 많지 않았다고 생각하며, 나를 뽑은 이유 중 하나가 학교의 다양성을 증진시키는 희소한 프로필이기 때문이 아니었나 싶다.

마지막으로 눈에 띄는 마이너스 요인이 없었다는 것, 그리고 영어 점수가 상대적으로 높았고 에세이를 진실되게 썼다는 것이 나를 뽑은 이유라고 생각한다.

이런 관점에서 돌이켜 보면, 내 GMAT 점수가 평균 대비 조금 떨어진다든가, 추천서 작성자 한 분이 약간 추상적인 내용 위주로 쓰셨다든가, 인터뷰에서 약간 긴장했다든가, 올해 전 세계 지원자 숫자가 대폭 늘었다든가 등은 상대적으로 부차적인 문제다.

지원 요소 하나 하나를 성심성의껏 준비하는 자세는 당연히 필요하겠지만 이에 앞서 독자 분들께 강조하고 싶은 점은, '왜 학교가 나를 뽑겠는가' 라는 질문에서부터 출발하는 것이다.

나의 프로필을 지원자 무리 속에서 남들과 다르게 보이게 하고 매력적으로 만드는 3가지 정도의 요소를 바탕으로 **지원자의 아이덴티티(Identity)**를 만들어야 한다. 그 조합은 예를 들어 다음과 같을 수 있다.

- [프로필 1] 전통적인 MBA 커리어 (예: 컨설팅, 금융) + 확연하게 우수한 GMAT 점수 + 넘치는 리더십

● [프로필 2] 다양성에 기여하는 자질 + 비 전통적인
   커리어 (예: 정부 기관, 교육) + 학교에서 강조하는 신념의
   소유자

학교의 관점에서 나 자신이 어떤 사람으로 다가오며, 나를 왜 뽑고 싶을지 생각을 해 두고 나머지 작업을 시작하자. 이 기준이 세워진다면, 지원자마다 지원 요소별 비중이 다르게 다가올 것이다.

어떤 지원자가 프로필 1 스타일로 포지셔닝 하려면 반드시 GMAT 고득점을 달성해야 할 것이며, 어떤 지원자가 프로필 2 스타일로 포지셔닝 하려 한다면 상대적으로 더욱 에세이에 심혈을 기울여 자신의 포부를 밝혀야 한다.

다시 한번 강조할 필요가 있다.

모든 작업을 시작하기 전에, '왜 X MBA는 나를 뽑았을까?' 라는 질문으로부터 시작하여, 자신의 프로필을 강조하는 태그라인 3개 정도를 추려본 후에 그 다음 단계로 넘어가도록 하자.

5. 지옥에서 온 GMAT

GMAT의 존재의 이유

Top MBA 준비하는 사람들이라면 누구나 거쳐 가야 하는 과정이 바로 GMAT 점수 만들기이다. 돌이켜 보면 MBA 입학 준비 과정 상 배우는 게 많이 있었는데, 그 중 딱 하나 - GMAT 공부는 딱히 어디에 도움이 되었는지 모르겠다.

원래 GMAT의 목적은 비즈니스 리더에게 필요한 논리성을 함양시키는 것이라고 하는데, GMAT 공부로 논리성이 함양되었 다기 보다도 기존의 논리력을 GMAT이 원하는 형식 대로 보여주는 게 현실에 가깝지 않나 싶다. 게다가 GMAT 공부는 고통스럽고 과정 자체가 정말 즐겁지 않다. 다들 지옥 같은 시험이라고 한다.

우선 강조하고 싶은 한 마디가 있다.

공부하기 좋은 때란 없다.

특히 직장인에게 공부하기 좋은 때란 진짜 없다.

회사 사무실로 출근할 땐 이상한 차장 때문에, 출장이라도 가게 되면 체력과 멘탈이 너무 지쳐서 공부할 시간이 없다. MBA 생각을 할 법 한 사람이라면 보통 출장도 빈번하지 않을까 싶다. 그나마 저자는 싱글일 때 공부를 시작했는데 결혼 후에 GMAT 공부하시는 분들을 보면 존경심 마저 들곤 했다.

그렇기 때문에 글의 초반에서 '직장인들 많이 준비한다는데?' 혹은 '도저히 이 회사에 오래 못 있겠다' 이런 마음으로 어영부영 시작하지 말라고 했던 것이다. 괜히 돈 낭비, 시간 낭비가 될 수도 있다.

지극히 개인적인 생각으로, GMAT 시험이 MBA 입학의 필수 요건인 이유는 더 큰 개인적, 사회적 낭비가 생기기 전에 마음의 준비가 확실히 되지 않은 사람을 못 오게 하려는 게 아닌가 싶다.

다시 말해, GMAT이 존재하는 가장 큰 이유는 '너가 진짜 MBA에 오고 싶은 건지, 아니면 그냥 바람이 들었는지, 제대로 확인해 보기 위해서'라고 생각한다.

한창 GMAT 공부 중이었던 2017년 봄의 내 경험을 공유해 보는 것으로 GMAT이 얼마나 힘든 일인지 정리해 본다. 굳이 지면을 할애해 이 얘기를 쓰는 이유는 GMAT 때문에 힘든 시기가 왔을 때, 당신만 힘든 게 아니라는 걸 전해주고 싶어서이다.

* * *

GMAT은 정말 지겹다.

어지간히 다양한 시험을 많이 보고 살았는데도 싫었다. 왜 이렇게 싫은가 곰곰이 생각을 해보면, 해도 해도 점수가 오르지 않을 것 같다는 조바심, 이제 머리도 다 컸는데 누가 누굴 평가하나, 이런 개똥 논리, 눈도 좀 침침하고 허리 통증에서 오는 고통 (이상하게 일 하는 것보다 공부하는 것이 더 아픈 것 같다), 괴상한 Reading 지문 주제에서 오는 당혹감, 부담스러운 학원비와 시험료, 점수를 끝끝내 못 낸 채로 복직하는 나를 상상할 때의 불쾌함 등등이 모두 합쳐져서 GMAT에 대한 분노가 되었던 것 같다. 그래도 다행이었던 것은 한 번도 MBA 준비를 후회한 적은 없었던 것 같다. 꿈을 이뤄가는 과정이었으니까 힘들어할 것 없다고 생각했다.

사진 5.1 나의 GMAT 교재들

그렇다면 이 고통스러운 시험을 어떻게 빨리 해결하면 좋을까?
지금부터 이에 대해 얘기해 보겠다.

전반적인 시험 공부 전략

GMAT은 크게 4개 항목으로 나뉘어져 있다.

· Analytical writing (AWA)
· Integrated reasoning (IR)
· Quantitative reasoning
· Verbal reasoning

Verbal reasoning 은 3개 하부 섹션으로 구성되어 있다.

· Reading Comprehension
· Critical Reasoning
· Sentence Correction

테스트 항목	시간/ 문제수	문제 유형	점수 범위
Analytical Writing Assessment	30 분 / 1 문제	Analysis of an Argument	0-6 (0.5 포인트 단위)
Integrated Reasoning	30 분 / 12 문제	Graphics Interpretation, Table Analysis, Multi-source Reasoning, Two-part Analysis	1-8 (1 포인트 단위)
Quantitative Reasoning	62 분 / 31 문제	Data Sufficiency Problem Solving	6-51 (1 포인트 단위)
Verbal Reasoning	65 분 / 36 문제	Reading Comprehension Critical Reasoning Sentence Correction	6-51 (1 포인트 단위)

표 5.1 GMAT 시험 항목

이 중 '소위 700점을 넘어야 한다'는 700점짜리 점수 계산은 Quantitative 와 Verbal 만 합산해서 계산되며, IR 과 AWA는 이에 들어가지 않고 별도로 성적표에 표시된다.

IR 과 AWA의 비중은 굉장히 낮다고 본다. IR 점수가 낮아서, 혹은 AWA 점수가 낮아서 원하는 학교에 못 갔다는 사람은 거의 본 적이 없다. 시험장에 가기 전에 문제 유형이나 스타일을 체크해 볼 필요는 있으나, 지금 IR이나 AWA로 스트레스 받기에는 할 일 이 너무 많다.

즉, GMAT 시험의 관건은 Quantitative 와 Verbal의 고득점 여 부이며, 일반적인 한국인 수험생들에게는 Verbal 이 관건이라 할 수 있겠다. 그 이유는 한국의 수학 교과과정을 마쳤을 때,

Quantitative에서 고득점을 받을 가능성이 높은 반면, Verbal 은 영어의 장벽으로 인한 언어 문제와 함께 GMAT 특유의 논리에 적응이 안 되어 어려움을 많기 겪기 때문이다.

이 책에서 GMAT의 각 항목을 어떻게 공부하면 되는지 하나하나 제시할 필요는 없다고 생각한다. 이미 시장에 독보적인 GMAT 전문가들이 많고, 그들이 제시한 학습 방법이 훨씬 더 신뢰할 만하다 생각하기 때문이다. RC, CR, SC를 각각을 어떻게 접근해 고득점을 올리면 될지는 오랫동안 GMAT만 전문으로 가르쳐 오신 분들로부터 배우길 추천한다.

내가 수험생 입장에서 언급하고 싶은 것은 전반적인 시험 공부 전략이다. 내가 추천하는 방식은 ① 3~4개월 정도 (최장 6개월) GMAT을 끝낼 데드라인을 정해 놓고 ② 좋은 학습 조력자와 기존 자료를 활용해서 ③ 응시 5번 이내로 끝내라는 것이다.

하나씩 자세히 들여다보자.

① 최대한 집중하는 시기가 필요하다.

직장인의 삶과 수험공부는 양립하기 정말 어렵다. 기본적으로 직장인의 삶 속에는 직장 일, 인간 관계, 최소한의 사회 생활, 가족 행사, 본인 취미 등 쉴새 없이 다양한 일들이 펼쳐지기 때문에 수험 생활만을 하기란 불가능에 가깝다.

한편, 저자에게 MBA 준비 노하우를 구했던 사람들 중, GMAT 성적을 만들어 낸 사람들은 어떻게 해서 든 거의 본인이 원하는 수준의 학교에 입학했다.

그만큼 GMAT 이 해외 MBA를 갈 수 있을지 아닐지를 결정하는 중대 기로라는 뜻이다.

결단이 필요한 것이다.

내 인생을 바꿔보겠다고 시작한 길이 그렇게 순탄할 수는 없는 법이다. 인생에서 딱 4개월만 나 만을 위해 쓰겠다고 결심하고, 공부 외 거의 모든 것들을 멀리 하는 수밖에 없다. 우선 인간 관계, 가족 행사, 본인 취미 등 삶을 윤택하고 사람 답게 만드는 것들은 아예 끊어버릴 것.

회사 일에 대해서는 2가지 옵션이 있는데, 몇 달 간 휴직이 가능한 회사에 다닌다면 휴직도 고려해 봄직하고, 그렇지 않다면 회사 일을 최소한으로 할 수 있도록 설계해 놓고 평일에 6 시간씩

(아침 1시간 + 점심 1시간 + 저녁 4시간) GMAT에 할애하고 주말 전체를 쓰는 방법도 있다.

지금까지 꽤 많은 분들과 MBA 준비 상담을 했는데, 결단의 시간 없이 직장인의 삶 속에서 하고 싶은 일들 다 하면서, GMAT 점수가 우연치 않게 대박을 치는 경우는 거의 보지 못했다. MBA 진학 후 확인한 것은 영어를 모국어로 쓰는 사람들도 GMAT에서 상당한 어려움을 겪으며 일정 준비기간을 거쳐서 좋은 점수를 만들기 위해 애쓴다는 것이다.

② 좋은 학습 조력자/학습 자료를 충분히 활용하는 것

원래 저자는 스스로 학습하는 것을 좋아하는 편이라, 처음엔 독학으로 준비하려고 했었다. 그런데 초반에 얘기한 바와 같이 독학은 의미 없는 시간 낭비로만 끝났다. GMAT 시험에는 시험에 적용되는 논리 혹은 마인드 셋이 있고, 이 논리대로 문제를 접근해야 하는데, 스스로 그 논리에 접근하기가 정말 어렵다. 무엇보다도 논리를 연구하거나 고찰할 시간이 없다. 그리고 그럴만한 이유도 별로 없다. 학습 조력자 (학원, 인강 등)를 충분히 활용해서 시간을 아끼고 시행착오를 줄이는 게 중요한 시험이다.

국내 유명 GMAT 학원에는 리더스 MBA (http://www.leadersmba.com/), 에듀켄 (http://www.eduken.kr/) 등이 있는데 나는 에듀켄의 국병철 강사 수업을 들었다. 국병철 강사의 CR, RC 수업은 타의 추종이 불가하다 생각할 만큼, 훌륭한 수업이라고 생각한다. Verbal, Quantitative 위주로 이론 종합반을 2달 정도 다녀보고, 그 이후는 본인이 취약한 부분 위주로 메꾸어 나가길 추천한다. 그렇게 해서 전체 4~6개월 정도의 시간을 투자하면 될 것이다.

③ OG와 Prep 없이 시험 보지 말고, 응시는 5번 이내로 끝낼 것

GMAT 공부를 시작했는데 방대한 범위로 인해 길을 잃는 분들이 있다. 내가 추천하는 방법은, 너무 이것저것 풀기보다는, GMAT 주관사 GMAC에서 발행하는 Office Guide (OG)를 처음부터 끝까지 2회 정도 완독하는 것이다.

완독이라 함은 문제를 풀되 5개의 선택지를 다 읽어보고, 왜 나머지 선택지 4개가 답이 아닌지 납득할 수 있는 이유를 찾은 후, 문제 해설까지 읽어서 정답과 오답의 이유가 모두 이해가 되는 상태를 의미한다. 이렇게 차분하게 2회독을 하면 실마리가 잡힐 것이라 생각한다.

또한 실제 시험과 똑같은 환경에서 테스트할 수 있는 Prep (https://www.mba.com/exam-prep/gmat-official-starter-kit-practice-exams-1-and-2-free)이라는 툴이 있는데, Prep을 2번 정도 진행해서 자신의 실력을 중간 테스트하길 바란다. 아무 준비 없

이 테스트를 하면 썩 달갑지 않은 점수를 목격하게 될 수도 있어서 막바로 테스트하는 건 추천하지 않는다. 큰 의미가 없다.

GMAT 응시 기록은 모두 학교에 전달이 되기 때문에, 신중에 신중을 기해 실제 시험을 응시해야 하며, 일반적으로 5번 정도 시험을 봐서 나온 점수가 거의 본인의 실력이 맞다고 본다.

다시 말해, 6번째, 7번째 시험에서 대박이 나서 750점이 나오는 것도 불가능한 일은 아니겠지만 일반적으로 그런 일은 잘 없다.

마음을 굳게 먹고 시작을 해도 GMAT은 고통이다. 다들 700점, 700점 노래를 부르는데, 사실 700점은 고사하고, 끝까지 집중력을 유지하면서 한 세트를 푸는 것 자체가 정말 어렵다. 대부분 해외 MBA 입학 준비를 시작한 이후 한계에 부딪히는 것은 GMAT 때문이라고 봐도 과언이 아니다.

해외 MBA의 필요성을 못 느껴서 안 가는 건 괜찮지만, MBA에 가고 싶어하고, 진학하면 도움을 받을 수 있는 사람이 GMAT 때문에 못 가게 되는 것은 안타깝다. 나도 GMAT으로 인해 한 때 좌절을 맛봤던 사람으로서 GMAT의 장벽에 막혀 시간이 지체되는 경우를 보면 감정이입이 된다.

이 경우 드릴 수 있는 팁은, 다시 한번 초심으로 돌아가 내가 정말 집중하고 있는지, 더 이상 끊어 낼 시간이 있는지 점검해 보는 것이다. 그리고 가장 중요한 부분은, GMAT 전문가들의 도움을 적절하게 받고 있는지 체크해보자. GMAT의 논리는 혼자 접근해서 터득하기엔 너무 버겁고 오래 걸린다.

절실할 것, 그리고 도움을 받을 것.

이 길을 앞서 가본 사람으로서 드릴 수 있는 진솔한 말씀이다.

6. 또 다시 영어 점수란 말이냐

GMAT에 치여 정신없이 몇 달 지내다 보면 문득 '영어 점수는 어떡하지?' 하는 생각이 드는 날이 온다. 일단 주말에 4시간 동안 시험장에 갇혀 있는 걸 생각만 해도 막막하고 피곤이 몰려온다.

일반적으로 해외 MBA에서 인정하는 영어시험 점수는 ① TOEFL 토플 ② IELTS 아이엘츠 ③ TOEIC 토익 정도이고, 토플과 아이엘츠가 주를 이루며 토익을 받는 곳은 극소수이다.

해외 MBA 지원 시 영어시험 점수 제출이 면제되는 경우는 ① 영어가 모국어인 경우, ② 대학교 학부 과정 전과목을 영어로 이수했음이 입증이 되는 경우이다. 한국인의 경우 ①번은 해당 사항이 거의 없고, 영어권 국가에서 학부 과정을 마쳤다면 ②번의 경우에 해당되어 영어점수 제출을 면제받을 수 있다.

결국, 해외 MBA를 준비하시는 분들 상당수는 토플 혹은 아이엘츠 점수를 내야 한다. 사실 해외 MBA를 꿈꿀 만큼 유학에 관심이 있는 분들은 이미 그 전부터 다양한 목적으로 인해 (예: 어학연수, 교환학생 등) 두 가지 시험에 친숙하실 것이라 생각하며, MBA를 준비하면서 처음 이 시험을 마주하는 경우는 굉장히 드물 것이라 생각한다. 그런데도 이 시험이 굉장히 부담스러워지는 이유는 '적당히 좋은 점수'로 자신을 어필하기 어렵기 때문이다.

학교 입학 사정관팀에서는 비 네이티브 학생들이 높은 영어점수를 받아올 것을 기대하는 편이고, 이런 추이는 지난 몇 년간 더

욱 강화된 것으로 보인다. 예를 들어, GMAT 740점 + 토플 103점 조합보다는 GMAT 700점 + 토플 115점 조합을 더 좋은 점수로 볼 수도 있다.

또한, Listening, Reading 보다는 상대적으로 Speaking, Writing 영역에서의 고득점 여부를 살펴보며, 어떤 학교들의 경우 Speaking, Writing 하한선을 정해 놓는 경우도 있다.

그 배경은 많은 학교들이 비 네이티브 학생들, 특히 아시아권 (한국, 일본, 중국) 학생들 중 적지 않은 수의 학생들이 영어 점수는 잘 만들어 오는데 수업시간에 영어로 말을 하거나 글을 쓸 때 어려움을 겪는다고 생각하기 때문이다. 비즈니스 케이스를 두고 토론하고 발표하는 MBA 과정에서 말과 글로 생각을 표현하는 능력이 부족하다면, 어떻게 그 학생을 입학시킬 수 있겠는가? 수준 있는 클래스 형성을 위해 학교에서는 영어 점수를 유심히 볼 수밖에 없다. 요즘엔 이 마저도 부족해서 Video Interview까지 도입해서 영어 의사소통 및 표현 능력을 면밀히 검증하는 추세다. Video Interview에 대해서는 후반부에서 다시 언급하려 한다.

그러니 결론은 영어 점수, 특히 각 시험의 Speaking, Writing 영역에서 점수가 최대한 잘 나와야 한다는 것이다. '이 나이에 무슨 토플, 아이엘츠냐' 라고 생각하지 말고 영어 시험에서 고득점을 받는 것을 굉장히 중요하고 심각하게 생각해야 한다.

대부분 학교들이 이 두 시험 점수를 차별 없이 받는 편이다. 영국 학교들은 영국문화원에서 주관하는 아이엘츠를 좀 더 선호하는 느낌은 있으나 말 그대로 느낌일 뿐 크게 상관없다. 둘 중 뭐든 간에 점수가 고득점인 것이 중요하다. 다다익선이 아니라, 고고익선이다.

원래부터 확실히 선호하는 시험이 있는 게 아니라면, 둘 다 모의 시험을 쳐보고 본인이 빨리 고득점 낼 수 있는 시험을 택하길 바란다.

개인적인 견해로는, 단기간에 고득점을 내기엔 아이엘츠가 유리한 듯하다. 우선 토플, 아이엘츠 모두 영어 능력을 4대 영역(Reading, Listening, Speaking, Writing)으로 나누어 측정한다는 면에서 기본 형태는 비슷하다.

큰 차이점은, Reading/Listening 주제 면에서 토플에는 아카데믹한 소재가 많고, 아이엘츠에는 생활 소재가 많다는 것, 그리고 Speaking 영역 진행 시, 토플은 컴퓨터에 대고 녹음을 하는 반면, 아이엘츠는 실제로 면접관과 1:1로 앉아서 시험을 진행한다는 것이 큰 차이점이다. 대부분 사람들은 생활 소재를 다루는 것을 편하게 여기고, 실제 면접관과 얘기하는 것을 선호하므로 아이엘츠가 좀 더 쉽게 느껴진다.

특히, 우리가 특출 난 고득점을 내야 하는 영역이 Speaking,

Writing인데, 토플에서 이 두 영역의 고득점을 내는 것 보다는 아이엘츠에서 고득점을 내는 것이 훨씬 더 쉽지 않나 싶다. 그러나 어디까지나 개인적인 생각이니 본인의 성향에 맞는 시험에서 고득점을 내기만 하면 된다.

내 경우 아이엘츠 2차 시험에서 오버럴 8.0이 나오면서 영어시험을 마감하게 되었다. 허리가 아파서 영어 시험을 더이상 못 보겠다 싶던 차에 나온 고득점이라 정말 기뻤던 기억이 난다.

시중에 아이엘츠만 전문으로 가르치는 훌륭한 강의들이 많기 때문에 고득점 방법을 제시하기에 부담스러운 면이 있으나, 나는 시간에 쫓기는 직장인 MBA 준비생이 단기간에 아이엘츠 고득점을 내는 법 이란 관점에서 방법론을 제시해 본다.

| Country of Nationality | KOREA, REPUBLIC OF | | | | | | | | |
| First Language | KOREAN | | | | | | | | |

Test Results

| Listening | 8.0 | Reading | 9.0 | Writing | 7.0 | Speaking | 7.5 | Overall Band Score | 8.0 | CEFR Level | C1 |

Administrator Comments

Centre stamp
BRITISH COUNCIL
주한영국문화원

Validation stamp
IELTS

사진 6.1 나의 아이엘츠 성적표

내가 토익, 토플, 아이엘츠 등 다양한 영어 시험을 보며 느낀 점은, 결국 영어 시험 점수가 잘 나오기 위해서는 두 가지 전제 조건이 필요하다.

1. 영어라는 언어 자체에 대한 이해력. 얼마나 자유롭게 다룰 수 있는가
2. 시험이라는 환경 속에서의 실력 발휘 (시험 운용 능력)

1번이 정말 뛰어나거나, 혹은 1번 + 2번 조합이 잘 맞으면 고득점이 나오게 되어있다. 하지만 1번은 하루 아침에 되는 일이 아니다. 이미 점수가 급한 상황에서 짧은 시간 내 어떻게 할 수 없는 부분이다.

예를 들어, 미국 드라마 보기를 꾸준히 하면 1번에는 많이 도움이 되는데, 2번을 위해 단기간 내 크게 도움이 안 된다. 그래서 단기적 처방으로 '시험' 자체의 본질을 파악하고 대응하는 게 중요하다.

나는 2017년 10월 말 그리고 11월 초, 2주 간격으로 2번 시험 보고 아이엘츠를 끝냈다. 10월 시험 성적은 Overall 7.0, 11월 시험 성적은 Overall 8.0 (Listening 8.0/Reading 9.0/Writing 7.0/Speaking 7.5) 이었다. Overall 1.0점이란 점수는 정말 어마어마한 차이다!

아마, Overall 7.0으로는 그 어떤 학교에서도 영어점수만 놓고 봤을 때 나를 Impressive Candidate이라고 생각하지 않았을 것이다. 2주 사이에 엄청난 실력 변화가 있었던 것 같지는 않고, 그 사이에 아이엘츠 라는 시험을 좀 더 잘 이해하게 되어 점수가 올랐다고 생각하는데, 그 만큼 시험을 잘 이해한 후 대비하는 것이 큰 차이를 가져온다고 할 수 있다. 그럼 섹션 별 대응법에 대해 좀 더 자세히 설명해 보겠다.

1) Listening

토플과 비슷할 거라 생각하고 시험을 보면 놀랄 수도 있는데, 그 이유는 체크 포인트가 완전 다르기 때문이다.

- 토플 리스닝 목적: 아카데믹 Lecture 에 대한 이해. 자질 구레한 디테일이 쏟아져도 끝까지 정신을 붙잡고 주제(Main Point)를 파악하는 능력 요구
- 아이엘츠 리스닝 목적: 다방면에 걸친 주제에 대해 얘기할 때 (미술, 연극 등이 잘 나옴), 순식간에 스쳐 지나가는 단어들을 순발력 있게 캐치 하는 능력 요구된다. 주제는 굳이 언급하지 않아도 명백함 (주말 호텔 예약, 리서치 과제 함께 하기, 새로 발견한 교육학 컨셉 소개)
- 접근: Cambridge IELTS 12 교재 리스닝 부분을 하루에 1 시간씩 꾸준히 풀면 도움이 된다. 직장을 다니던 터라

따로 시간 내기가 어려워 2 주 정도 점심을 스킵 하고,
점심 시간에 리스닝 1 회씩 풀었는데 도움이 많이 되었다

2) Reading

GMAT 공부의 덕을 가장 많이 보는 영역이 Reading이다.
GMAT 후엔 모든 영어 시험의 Reading 영역이 쉽게 느껴진다. 그
만큼 GMAT은 괴상한 난이도라는 것이 다시 한번 입증된다.

● 접근: 지문 3~4 개를 묶어서 한 번에, 쉬지 않고 푸는
   것이다. 중간에 핸드폰 보지 말고, 쉬지 말고, 눈 침침
   하다고 딴 짓 하지 말고 꼭 한 번에 풀어야 한다. 하루에
   한 번씩 이런 루틴을, 꾸준히 진행하면 반드시 점수가
   올라간다. 정확성, 스피드 다 잡을 수 있는 방법이다.
   하루에 한 번이 어렵다면, 이틀에 한 번씩이라도 몇 주간
   진행해 보길 추천한다. 아이엘츠 뿐만 아니라 모든 시험의
   Reading 부분에 해당된다.

3) Writing

나는 Speaking보다 Writing이 더 어려웠고, Writing이 읽기, 듣기, 말하기, 쓰기 중에 가장 궁극적인 체크 포인트라고 생각한다. 어설프게 알면 글로 표현할 수가 없고 정확하게 알아야만 쓸 수 있다. 그만큼 단기간에 해결할 수 없는 영역이기도 하다.

● 접근: 그나마 짧은 시간에 점수를 올리기 위해선, The Official Cambridge Guide to IELTS 뒷면 Writing 모범 답안의 플로우를 암기하는 것을 시도해 봄 직 하다. 무슨 암기가 대단한 비법이냐고 할 수도 있으나, 짧은 기간에 가장 효과적이라고 생각해서 추천하는 방법이다. 모범 답안만 계속 읽어도 아이엘츠 Writing 의 Flow, Style 등에 익숙해진다. 문장, 단어를 외운다기 보다는 전체적인 플로우, 문단의 구성, 문장 간의 연결, 생각의 전개 방식을 외우고 비슷한 방식으로 쓰는 연습을 해보길 바란다.

라이팅 접근법에 관해 IELTS Simon 웹사이트 (https://www.ielts-simon.com)에 정말 자세히 나와 있는데 큰 도움이 되었다. 전직 IELTS 시험관이었던 사람이 팁을 나누는 웹사이트로, 들어가보면 시간이 아깝지 않을 것이다.

4) Speaking

- 접근: 인터넷 서치 등을 통해, 시험 후기를 최대한 활용하는 것이 좋다. 스피킹 후기에 반복적으로 올라오는 질문들은 정말 자주 나오는 듯하다. 자주 나오는 질문에 대해 최대한 심도 있게 준비하고, 반복 사용할 수 있는 소재들에 대해 자신의 답변을 준비해 가길 바란다. 예를 들어, 여행 소재 (당신이 좋아하는 여행지가 어디인가, 가장 좋았던 여행지는 어디인가, 당신이 이번 여름에 가고 싶은 곳은 어디인가 등)는 정말 반복적으로 다양하게 활용이 가능하니까 여행이라는 주제에 대해 자신만의 답변을 생각해 보면 큰 도움이 된다.

아무래도 아는 주제, 평소에 생각을 많이 한 주제에 대해 말을 잘 하게 되어있다. 그렇지만 모르는 주제가 나오면 평소에 생각하던 것에 끼워 맞출 필요도 있다.

예를 들어, 평소에 내가 IT 업계에서 일하며 스타트업에 대해 관심이 많았기 때문에, 스타트업 육성을 위해서 ① 제도, ② 사회적 분위기, ③ 교육 등이 필요하다고 생각했다 치자. 사실 이건 거의 모든 문제에 통용될 수 있는 답안이다. 가령, "네가 시장이 되어 사회 체육을 활성화하고자 한다면 어떻게 할 것인가?", "문화 산업을 위해 어떤 방안들이 효과적인가" 라는 질문에 대해서도 비슷하게 답변하면 되는 것이다.

답안 구성 방식은 2개 이상의 포인트를 중복되지 않게 동등한 레벨의 근거를 들어 구성하면 된다. 예를 들어, 내가 파리 여행을 좋아한다고 얘기했다고 치자. 그 이유는 첫번째, 아름다운 건축물이 많아서 (볼거리의 문제), 두 번째, 맛있는 음식을 즐길 수 있어서 (먹거리의 문제) 라고 구성이 되어야 한다. 첫번째 이유가 '아름다운 건축물이 많다'인데 두번째 이유가 '에펠탑은 너무 아름답다' 라면 흐름 (Flow, 플로우)이 이상해진다. 플로우가 이상해도 정말 유창하게 얘기하면, 어느 정도 점수가 나올 것이다. 하지만 유창하면서 2가지 이유의 플로우가 논리적이고 짜임새 있을 때 더 높은 점수를 얻을 수 있다.

그리고 유튜브에서 'IELTS speaking test band 9.0'를 검색하면 샘플 동영상이 많이 나온다. 최대한 이와 비슷해 지려고 마음먹고, 흉내 내며 연습해 보길 바란다.

Step 3. 에세이와 다양한 요소들의 저글링

7. 에세이 괴담

해외 MBA 준비 관련해서 가장 심적 부담이 큰 항목이 에세이 (Essay) 가 아닐까 싶다. 2020년 3월에 MBA 에세이 전문 컨설팅 비용을 다시 찾아보니 몇 년간 크게 변한 게 없었다. 4개 학교의 에세이 및 레쥬메 작성, Mock-interview 진행하는 것까지 포함하면 1,000만원이 넘는다. 사람마다 1,000만원의 가치가 다 다르기 때문에 단순히 터무니없다, 합리적이다 판단하기엔 어렵겠지만 내 기준으로는 지나치게 비싸다는 생각이 들었다.

놀랐던 점은 상대적으로 영어에 부담을 갖는 한국인들한테만 고가의 해외 MBA 입학 컨설팅 서비스에 대한 수요가 있나 생각 했었으나, 꼭 그런 것도 아니었다. 아래 금액이 2017년에 MBA 컨설팅 시장 조사를 했을 때 한 미국 업체로부터 받은 컨설팅 비용 테이블이다. 업체를 특정할 수 없도록 워딩을 살짝 변경하고 반올림 및 생략을 하였다. 이걸 보면 MBA 컨설팅 비용은 한국, 외국을 가리지 않고 비슷하다.

***

This is our current price list for the Comprehensive Consultation:

- One-Application Package: $4,000 total

- Two-Application Package: $6,000 total

- Three-Application Package: $7,000 total

- Four-Application Package: $8,000 total

- Five-Application Package: $9,000 total

- Six-Application Package: $10,000 total

Additional Applications after the initial purchase are $1,500 per application.

***

해외 MBA 입학 컨설팅이 유용한 경우는 다음과 같은 사례를 통해 확인할 수 있다. 지인 Y 씨는 5개 학교에 지원했지만 꼭 가고 싶은 드림 스쿨이 1군데 있었다. 드림 스쿨 합격을 위해 300만 원 대에 그 학교 입학 컨설팅을 받았고, 결국 최종 합격했으며 졸업 후 싱가포르에서 엄청난 네임 밸류를 가진 일류 글로벌 IT 기업 취업에 성공했다. Y 씨는 그 300만원이 전혀 아깝지 않은 합리적인 소비였다고 했는데 내가 보기에도 그렇다.

지인 J 씨는 전략 컨설턴트로 주 80~100시간씩 일을 하면서 해외 MBA를 준비했기 때문에 그 직장을 그만 두지 않는 이상, 입학 컨설팅 도움 없이 MBA 지원한다는 게 물리적으로 거의 불가능했었다. 그는 본업을 유지하여 돈을 더 벌면서 입학 컨설팅 비용을 내는 게 합리적 의사 결정이라며 이 방법을 택했고, 원하는 학교에 합격했으며 미국의 일류 글로벌 기업 취업에 성공했다.

그럼에도 불구, 지나치게 비싼 컨설팅 비용은 MBA에 관한 잘못된 생각을 갖게 해주는 원인 중 하나이다. 천 만 원짜리 컨설팅이 MBA 준비를 위한 필수 코스인 것처럼 생각하거나, 이렇게 비용을 쓰지 않으면 합격율이 떨어질 거라고 생각해서는 안 된다. 주요 업체들에 가서 상담을 받다 보면, 혼자서 준비하다 합격은 못하고 시간만 낭비할 수 있다고 한다. 더 큰 문제는 이상한 내용으로 지원했다 떨어지고 재 지원하면 아주 안 좋은 이미지만 남기게 될 거라고 한다. 그 말은 컨설팅이라는 서비스를 셀링 해야 하는 사람으로서 할 수 있는 Sales Pitch 인 것이지 절대적으로 맞는 얘기가 아니다.

대부분의 학교 어드미션 담당자에게 물어보면, 컨설팅을 굳이 받을 필요가 없으며 졸업생, 재학생, 학교 담당자를 최대한 활용해서 준비하면 된다고 한다. 정말 많은 수의 합격자들이 혼자 준비해서 입학 허가증을 받는다. 그런데도 간혹 MBA를 준비할 때 천 만

원 짜리 컨설팅을 무조건 해야 하는 것처럼 생각하는 분들이 있어서 안타까울 따름이다.

위의 Y 씨 같이 좋은 사례도 있지만, 지인 S 씨에 따르면 어떤 컨설팅 업체의 경우 돈만 챙기고 혼자서 며칠까지 써오라고 한 후 첨삭만 할 뿐, 학생의 강약점 파악, 브랜딩, 스토리 소재 발굴에 대해 별로 신경 쓰지 않는 경우도 있다고 하니 그 점도 염두에 두길 바란다.

또한, 해외 MBA 에세이 작성에만 특화된 서비스를 제공하는 서비스가 있고 (MBA 'essay' consulting services), 에세이 뿐만 아니라, 레쥬메, 추천서, Online applications (Apps 라고 줄여 부르기도 함) 항목 내 기타 다양한 작성 항목에 대한 가이드를 모두 포함한 입학 컨설팅을 제공하는 서비스 (MBA 'admission' consulting services)가 있다는 점에 대해 인지하기 바란다.

보통, 후자가 더 많은 시간, 인건비가 들기 때문에 가격이 높다. 따라서, 컨설팅 업체는 후자를 추천할 가능성이 높으나, 서비스 구매자는 내가 정말 도움을 필요로 하는 항목에 대해서만 전문가의 도움을 받는 것이 합리적인 의사선택일 것이다.

지금부터 구체적으로 에세이를 작성하는 법에 대해 얘기해 보려한다. 저자는 스스로 고민하며 에세이를 준비했는데, 초반에 MBA 에세이 질문들을 보고 정말 막막했던 때가 아직도 생각 난다. 한국 대입만을 준비했던 사람이라면 MBA 에세이 질문에 대해 어떻게 서술해야 할지 감도 안 잡힐 것이다. 결국 저자는 해외 서적, 유명 블로그 등을 참조하고 지인들로부터 많은 도움을 받아 에세이를 완성했는데, 내가 했던 방식을 1단계~ 6단계로 나누어 자세히 설명하고자 한다.

● 1단계: 내 인생의 시계열적 반추

1~2단계는 요리로 치면, 재료를 준비하고 다듬는 단계라 생각한다. 그리고 MBA 컨설팅 서비스를 받더라도, 1~2단계만큼은 반드시 본인 스스로 해야 하는 단계이다. 주위에서 도와줄 수는 있겠지만, 결국 본인이 하지 않으면 안 된다.

처음부터 너무 각 잡고 어렵게 시작하지 말고, 커피나 맥주 한 잔 마시면서 A4 용지나 빈 종이에 평행선을 하나 긋는 것으로 시작해 보자. 그리고 10세 이후부터 에세이를 쓰고 있는 이 시점까지 자신의 인생을 한 번 돌이켜 보는 것이다.

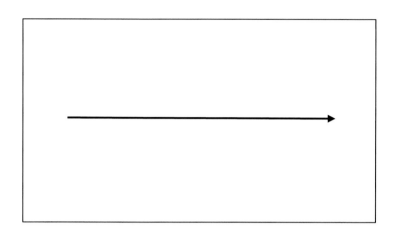

● 2단계: 의미 있는 사건, 인물, 경험의 추출

자신의 삶을 돌이켜 보며 중요했던 사건, 인물, 경험 등에 대해 간단히 적어본다. 저자의 예시를 참고 차 작성해 보았다. 꼭 업무나 학업적 성과가 아니더라도 자신의 성격과 가치관에 영향을 많이 끼친 소재라면 구애 받지 말고 자유롭게 써보면 된다.

2단계에서는 'MBA 에세이에 맞는 좋은 얘기인가? 입학사정관들이 좋아하려나?' 라는 생각으로 자체 필터링 하지 말고, 스스로에게 영향이 큰 사건이라고 생각하면 작성하면 된다.

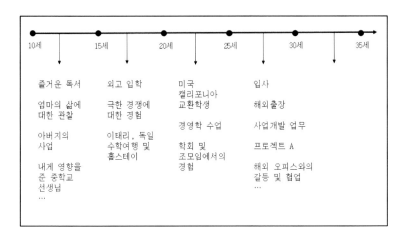

| 10세 | 15세 | 20세 | 25세 | 30세 | 35세 |

즐거운 독서

엄마의 삶에
대한 관찰

아버지의
사업

내게 영향을
준 중학교
선생님
...

외고 입학

극한 경쟁에
대한 경험

이태리, 독일
수학여행 및
홈스테이

미국
캘리포니아
교환학생

경영학 수업

학회 및
조모임에서의
경험

입사

해외출장

사업개발 업무

프로젝트 A

해외 오피스와의
갈등 및 협업
...

그림 7.1 의미 있는 사건의 추출

이 과정을 왜 스스로 할 수밖에 없는지 보일 것이다. 본인이 본
인 삶에 대해 가장 생생하고 정확한 기억을 갖고 있을 것이며, 자
신에게 어떤 사건, 인물, 경험들이 중요했는지 본인이 가장 잘 안
다.

● 3 단계: Profile Building

이제부터 'MBA 에세이에서 원하는 것' 이라는 렌즈를 끼고 작
업을 진행하게 된다. 우선 강력하게 추천하는 책 MBA Admissions
Strategy (Avi Gordon 저)를 읽어 보길 바란다. 궁극의 솔루션 같았
던 책으로, MBA 입학과 관련한 해외 서적 중 딱 1권만 추천하라고

한다면 고민 없이 이 책을 꼽을 것이다. 이 책은 GMAT 점수 마련 이후 해외 MBA 입학에 가까워지는 최고의 단축키였다고 생각한다. MBA 시장의 본질을 이해하고 지원자 스스로 에세이를 준비할 수 있도록 한다.

이 책의 핵심은 MBA 입학사정팀에서 원하는 이상적인 MBA 지원자의 25가지의 가치(Value)를 한 패키지 (레쥬메, 에세이, 인터뷰, 추천서, GMAT, 학부 GPA 등 MBA 원서 접수 항목에 들어가는 모든 내용) 안에서 골고루 보여주어야 한다는 것으로, 나 또한 저자의 방식을 도입해 많은 도움을 받았다.

	어드미션 가치	부연 설명
1	Intellectual ability and vitality	학업성적, GMAT, 에세이와 인터뷰에서 보이는 호기심과 열성
2	Quantitative competence	GMAT 수학 점수
3	Analytical mindset	비판적으로 사고하고, 복잡한 문제들을 처리하는 능력
4	Success record	개인적인 삶, 프로페셔널로서의 삶에서 성과를 거둔 이력
5	Maturity, professionalism, good judgment	'어른' 처럼 보이고, 말하고, 행동함
6	Leadership	그룹 활동에서 키를 잡아 가치를 창출하고 그 역할을 편안하게 수행
7	Awareness of self and others	리더와 성공적인 사람은 자신과 남에 대해 잘 인지하고 있다 - 스스로를 잘 이해하며 자기 자신이 남에 어떻게 여겨지는지 잘 앎
8	Ambition and motivation	'큰 물' 에서 활동하려고 하는 것
9	Pursuit of meaningful goals	성공하고자 하는 열망. 입학사정관은 "무엇에 성공하고 싶은가" 물어볼 것이다
10	Career potential	정상으로 갈 수 있도록 하는 캐릭터(성질)를 갖고 있는 지원자
11	Perseverance and mental toughness	역경을 넘어설 수 있는 버티는 힘과 자기 자신에 대한 믿음이 있다는 증거를 보여주는 지원자
12	A strong, optimistic personality	사람을 좋아하고, 프로페셔널로서 사교적인 지원자
13	Coachability, a continuous learning mentality	'배움과 발전'이라는 아이디어에 수용적인 사람
14	Action bias	행동과 'getting things done' 에 대한 지향점이 있는 사람
15	Winning instinct	내가 이기는 것, 그리고 남들이 지는 것을 두려워 하지 않는 것
16	Personal integrity and honesty	좋은 대인관계적 가치, 그리고 명확한 도덕적 잣대가 있는 지원자
17	Community mindset, making a difference	커뮤니티, 사회, 환경에 대한 책임감을 보여주는 지원자
18	Collaborative team member	다른 사람과 일을 잘 하고, 팀 셋팅에서 원활하고 건설적으로 활동
19	Diversity	MBA 커뮤니티에 흥미로운 특성, 경험, 그리고 깊이 있는 백그라운드를 가져올 수 있는 사람
20	Intercultural experience and tolerance	사람들과 문화의 다양성에 대해 관용이 있음을 보여주는 사람
21	Creativity and innovation	변화를 편안하게 여기고 이를 창의적으로 활용할 준비가 된 사람
22	Communication ability	아이디어를 잘 쓰고, 말하고, 조직화 할 수 있는 사람
23	All-rounder	일, 커리어와 균형을 맞출 수 있는 일들에 대한 흥미와 열정이 있음
24	Recruitability	졸업 후 취업 가능성
25	Likeability	사람들이 주위에 두고 싶어하는 사람

표 7.1 Avi Gordon, MBA Admissions Strategy에서 발췌 요약한 25가지 가치

가령 MBA 지원자 현정씨가 학부 GPA, GMAT 및 영어 점수, 레쥬메, 에세이, 추천서, 원서 접수 사이트 내 작성 항목까지 여러 지원 항목에 거쳐 25가지 가치를 아래와 같이 골고루 보여줄 수 있다.

지원서 필요 항목	MBA 지원자 현정씨가 보여줘야할 밸류 (예시)
학부 GPA	1 번, 2 번, 3 번
GMAT 및 영어 점수	2 번, 3 번
레쥬메	4 번, 11 번, 15 번, 17 번, 24 번
에세이	6 번, 7 번, 8 번, 9 번, 14 번, 18 번, 21 번, 23 번
추천서 1	3 번, 5 번, 10 번, 12 번, 22 번, 25 번
추천서 2	10 번, 11 번, 13 번, 23 번
원서 접수 사이트 내	16 번, 19 번, 20 번

표 7.2 지원서 필요 항목과 MBA 지원자 밸류의 매칭

물론 각 가치가 꼭 한 가지 평가 항목에서만 드러나야 되는 것은 아니고, 여러 항목에서 반복적으로 드러날 수 있다. 핵심은 원서 패키지 내 여러 항목에서 가치들이 골고루 표현되는 것이다.

이제 2단계에서 찾아낸 나의 여러 소재들 중, 어떤 소재가 각각의 가치들을 표현할 수 있는지 생각해 보자. 예를 들어, '내가 1년간 고단한 프로젝트 준비 기간을 거쳐 성공적으로 B 시장에 제품을 론칭 했다' 라는 소재는 Success record (#4), Maturity, professionalism, good judgment (#5), Perseverance and mental toughness (#11)를 잘 표현하고 있다.

이런 작업을 진행하다 보면 다시 2단계로 돌아가 새로운 소재 발굴이 필요해질 수 있고, 한동안 2단계와 3단계를 왔다 갔다 반복 하는 시간이 필요할 것이다.

그렇다면 처음부터 25가지 가치에 맞춰서 소재를 발굴하면 되 는 게 아닌가 라는 의문이 들 수도 있는데, 그렇게 하게 되면 시계 열적으로 전체적인 인생을 반추하지 못하게 되고, 소재 발굴의 시 야가 좁아질 수 있다고 본다. 그래서 1단계부터 3단계를 진행하는 걸 추천한다. 각 가치와 매칭된 소재는 간단히 엑셀로 정리해 둔다.

	Admissions Value	현정씨의 소재
1	Intellectual ability and vitality	
2	Quantitative competence	
3	Analytical mindset	프로젝트 A 의 퍼포먼스 측정 metric 제시, 월/주/일 단위로 트래킹
4	Success record	
5	Maturity, professionalism, good judgment	
6	Leadership	프로젝트 A (인원 25 명)를 리딩, VP 레벨 리포팅 담당
7	Awareness of self and others	
8	Ambition and motivation	
9	Pursuit of meaningful goals	궁극적으로 사업을 통해 A,B,C 가치 창출
10	Career potential	
11	Perseverance and mental toughness	1 년 반 동안 해외 출장을 반복하며, Project 를 접을 뻔한 주요 위기 3 번을 극복
12	A strong, optimistic personality	
13	Coachability, a continuous learning mentality	
14	Action bias	
15	Winning instinct	
16	Personal integrity and honesty	
17	Community mindset, making a difference	
18	Collaborative team member	
19	Diversity	
20	Intercultural experience and tolerance	교환학생 펀드레이징
21	Creativity and innovation	
22	Communication ability	
23	All-rounder	
24	Recruitability	
25	Likeability	

표 7.3 가치와 소재 간의 매칭

● 4단계: 문제에 대한 답안 작성

이 정도 진행하면 처음 생각했던 것보다 내가 제시할 만한 스토리가 많다는 생각이 들면서 '내 이야기'를 하고 싶어질 것이다. 그러나 여기서 정말 주의해야 할 부분이 있다. 저지르기 쉬운 치명적인 실수 중 하나는 '내 스토리'에 심취해서 질문에 제대로 답하지 않는 것이다.

반드시, 물어본 질문에 답을 하는 것이 그 무엇보다도 중요하다. 에세이 질문은 학교마다 다르며, 학교의 아이덴티티로 굳어진 질문들도 있다. 예를 들면, Stanford MBA 에세이의 첫번째 질문, "What matters most to you, and why?", Duke Fuqua MBA 에세이의 "25 random things about yourself" 라는 질문은 매해 똑같은 고정 질문이다.

대부분의 질문들이 크게 바뀌지 않고 유지되는 경우가 많으나, 학교의 학생 선발 의도에 따라 언제든 바뀔 수도 있다. 핵심은 에세이의 목적이 위에서 말한 25가지 가치를 들여다보고자 함이라는 점을 전제로, 학교별 컬쳐를 감안하여 질문에 대한 답을 하는 것이다.

이제 에세이의 단골 질문들을 분류해 보자. 책을 쓰면서 Top MBA 20여개 학교의 질문을 다시 한번 쭉 읽어보았는데, 아래 질문들과 확연하게 다른 질문은 거의 없다. 뒤에서 다시 한번 나오겠지만, 인터뷰의 질문도 이와 크게 다르지 않다.

Why me?	Why MBA?	Why this School?
자기 소개	Short-term/long-term	학교와의 Fit
강점과 약점	career objective	학교 Community 에
성공과 실패	MBA 직후의 목표	어떻게 기여하고자
Leadership, Impact	MBA 가 목표를 달성하기	하는지?
	위해 반드시 필요한지?	

표 7.4 에세이 단골 질문의 분류

그 외에 Optional Essay 질문으로 하기와 같은 질문들이 나온
다.

- 다른 영역에서 언급하지 못했으나 학교가 지원자에 대해
  알았으면 하는 점이 있는가?
- 취미나 여가 시간에 무엇을 하는지?
- 레쥬메의 특이사항에 대해 (예: 학생시절이나 직장생활
  중의 6 개월 이상의 공백 등) 설명하고 싶다면 설명해라

이제 소재도 충분하고, 어떤 질문이 나오는지도 알게 되었다!

그 다음 단계는 내가 지원하는 학교의 실제 문제를 읽고 그에 대한 답을 작성하는 것이다. 여기서의 핵심은 학교마다 보통 10개 이내의 에세이 질문이 있는데, 그 질문들의 전체 리스트를 읽고 각 질문의 역할을 파악하는 것이다. 가령, INSEAD MBA 에세이 질문은 하기와 같이 Job Description 5개, Motivations Essay 4개 질문으로 구성되어 있다.

Job Description

1. Briefly summarise your current (or most recent) job, including the nature of work, major responsibilities, and where relevant, employees under your supervision, size of budget, clients/products and results achieved.

2. What would be your next step in terms of position if you were to remain in the same company?

3. Please give a full description of your career since graduating from university. Describe your career path with the rationale behind your choices.

---

4. Discuss your short and long term career aspirations with an MBA from INSEAD.

5. If you are currently not working or if you plan to leave your current employer more than 2 months before the programme starts, please explain your activities and occupations between leaving your job and the start of the programme. (optional)

Motivation Essays

1. Give a candid description of yourself (who are you as a person), stressing the personal characteristics you feel to be your strengths and weaknesses and the main factors which have influenced your personal development, giving examples when necessary (approximately 500 words).

2. Describe the achievement of which you are most proud and explain why. In addition, describe a situation where you failed. How did these experiences impact your relationships with others? Comment on what you learned (approximately 400 words).

3. Describe all types of extra-professional activities in which you have been or are still involved for a significant amount of time (clubs, sports, music, arts, politics, etc). How are you enriched by these activities? (approximately 300 words)

4. Is there anything else that was not covered in your application that you would like to share with the Admissions Committee? (approximately 300 words)

우선 질문 9개의 관계를 보면, 커리어를 설명하는 시계열적 나열은 Job Description 3번 질문에서 커버가 된다. 그렇기 때문에 다른 질문에서 커리어에 대한 서사를 작성하는 게 의미가 없게 된다 (중복 답변). Job Description 2번, 4번 질문에서 Why MBA? Why this School? Why Now? 에 대한 답변을 요구하고 있다는 것도 확인할 수 있다.

INSEAD Essay의 질문들 간의 구조 상, 커리어에 관한 설명은 앞부분에서 끝내고 Motivation Essay 에서는 지원자가 어떤 사람인지, 왜 지원자를 뽑아야 하는지 설명하기를 요구한다 (Why Me?) 는 것을 파악할 수 있다.

다시 한번 강조하자면, 먼저 전체적인 질문들 간의 관계를 파악한 후, 질문 하나 하나에 답변하기를 추천한다. 그리고 답변을 작성한 후에는 9개 질문 답변 내용의 요점을 살펴보면서, 중복되는 내용은 없는지, 보여주려고 했던 강점들 중 빠진 내용은 없는지 검토한다.

초안 작성 시, 영어, 한국어 중 어느 언어로 작성할 것인가 고민이 될 수 있는데, 이는 사람마다 편한 쪽으로 선택하면 된다. 어떤 사람은 한국어로 거침없이 쭉 쓴 다음에 전체를 번역하고, 글자수를 봐 가면서 약간의 편집을 거치는 것을 선호한다. 소재 위주로 에세이의 골격을 한국어로 구상한 후 문장 자체는 영어로 표현하는 것이 편한 사람도 있고, 처음부터 끝까지 영어로 작성하는 게 편한 사람도 있다. 한국어로 표현할 수 없는 미묘한 영어적 뉘앙스가 있긴 하지만, 대세에 지장이 없으니, 편한 쪽으로 작성하길 추천한다.

● 5 단계: 퇴고 및 피드백 요청

이 작업 이후, 부분적으로 재창조를 하게 될 수도 있다. 초안을 작성한 후에는 Self-review 시간 (스스로 글을 평가하는 것)을 가지며 수정 작업을 거친다. 그 후 반드시 주위의 피드백을 받아야 한다. 가급적 해외 Top MBA를 졸업한 지인에게 피드백을 받으면 좋고, 여의치 않을 경우엔 지인들 중 논리적인 사고 및 글쓰기에 대한 평가가 가능한 사람, 그리고 본인에게 진짜 관심을 갖고 있어서 도와줄 의향이 있는 사람에게 피드백을 부탁하면 충분하다. 보통 3~4명 정도 믿을 만한 사람들에게 피드백을 받는다면, 이 글이 다른 사람에게 어떻게 받아들여지는지 충분히 알 수 있을 것이다.

● 6 단계: 피드백의 취사 선택 및 마무리

흥미롭게도 여러 사람한테 피드백을 받다 보면 상충되는 의견이 생기기 시작한다. 민수씨는 당신의 인도네시아 사업 개발 실패 사례가 좋은 소재가 아니라며 이런 얘기는 쓰지 않는 게 좋겠다고 한다. 민희 씨는 실패 사례로서 적절하다고 피드백을 준다. 이런 경우가 종종 생길 수 있다.

보통 확실하게 좋은 소재, 컨텐츠에 대한 피드백은 갈리지 않는데 애매하거나, 표현이나 생각이 지나치게 대담하거나, 관점에 따라 부정적으로 보일 수 있는 컨텐츠에서 피드백이 엇갈린다.

이런 경우 잊지 말아야 할 중요한 점은 피드백 취사선택의 최종 결정권자는 지원자, 나 자신이라는 점이다. 왜 민수씨가 인도네시아 사업 개발 사례를 쓰지 말라는 것인지 그 주장의 근거를 들어보고, 민희 씨의 주장의 근거도 들어보는 것이 중요하다. 양쪽 의견의 근거를 충분히 검토해 보고 본인이 표현하고 싶은 자신의 프로필 그리고 지원자로서의 아이덴티티에 좀 더 맞는 방향으로 선택하면 된다.

상충하는 에세이 피드백에 대해 근거를 바탕으로 취사선택하면서, 에세이 작업은 마무리된다. 그 후 오탈자나 비문이 없도록 충분히 여러번 교정 작업을 진행해야 한다.

Tips: 약점과 실패 사례 다루기

대부분 장점과 성공 사례는 쉽게 잘 쓰는 편이다. MBA에 욕심을 갖고 이 일을 시작하실 분들 정도면, 내 일에서 한두 가지 정도 정말 자랑하고 싶은 게 있을 것이기 때문이다. 그런데 약점과 실패 사례를 묻는 질문에서 고민이 많아진다.

'약점 같지 않은 약점' (예: 나는 너무 꼼꼼하다, 나는 너무 워커홀릭이다 등)을 쓰는 것은 사실을 숨기려는 듯한 인상을 주며 식상하기 때문에 추천하지 않는다.

단점을 찾는 좋은 방법은 내 장점을 더 몰고 나갔을 때, 내 장점이 극단적으로 치달았을 때를 생각해 보는 것이다.

예를 들어, '나는 추진력이 강하고 결정이 신속한 사람이다' 라는 강점을 썼다 치자. 그 강점을 계속 극단적으로 밀고 나가면 아무래도 미처 차근차근 검토하지 못하고 잘못된 결정을 내린 적이 있을 것이다. 이런 부분이 약점이 되는 것이다. 그래서 그 부분을 바탕으로 '나는 추진력이 너무 강하다 보니까 세세한 부분에서 검토하지 못하고 넘어가는 경우가 있고, 그로 인해 업무상에서나 나의 개인적인 삶 속에서 실수하는 부분들이 꽤 있다. 이런 부분들이 나의 더 큰 성공이나 성취를 방해하는 경우가 있다' 라고 나의 약점을 작성하고 구체적 사례를 제시하면 될 것이다. 실제로 나도 내 강점을 더 밀어붙였을 때의 결과를 약점으로 썼다.

그 다음, 에세이 단골 질문인 실패 사례 (Failure)를 살펴보자. MBA 에세이에서 말하는 '실패의 정의'를 확실히 이해하는 게 중요하다. 우선, 단순한 실수, 해프닝이나 젊은 날의 치기는 절대 실패 사례가 아니다. 어쩌다가 실수로 술을 너무 많이 마시다 기물을 파손하고 경찰서에 신고되는 것은 MBA에서 얘기하는 실패 사례가 아니다.

MBA 에세이에서 말하는 실패 사례는 정해져 있다. 첫째, 본인이 의도와 목적을 갖고 어떤 일을 계획하는 단계가 있다. 둘째, 계획과 다른 잘못된 결과가 발생한다. 셋째, 왜 계획과 달랐을까 생각하는 과정에서 본인에게 어떤 교훈 (Learning)이 있었다. 이렇게 세 가지 요소를 갖추고 있어야 MBA 에세이에서 말하는 '실패 사례'이다. 반드시 이런 요소가 있는 스토리를 실패 사례로 선정해야 한다.

그리고 말이 없고 조용하며 내성적인 아시아인의 느낌을 주는 실패 사례 또한 무조건 피하는 게 좋다. 예를 들어, 교환학생 시절 네덜란드에서 수업을 들었을 때, 수업에 참여하기 어려워서 적응에 어려움을 겪었다 라는 사례는 피해라. 이런 사례는 학교 입장에서 아시아권 지원자에 대해 가장 우려하는 부분을 에세이에 생생히 전달하게 되는 사례로서, 스스로 무덤을 파는 사례라고 할 수 있다.

Tips: 내 소재와 스토리가 좋은 소재인지 가늠이 안 될 때

이 팁은 처음 에세이를 쓰시는 분들께 드리는 얘기가 아니다. 어느 정도 에세이 스토리를 발전시켜 보신 분들, 스토리를 만들었다가 한 번 엎었다가, 이런 작업을 거쳐 보신 분들께 드리는 말씀이다.

소재와 스토리를 잡고 나서 이게 말이 되는 건지, 진짜 괜찮은 건지 가늠이 되지 않을 때가 있다. 조금 우습게 들릴 수도 있지만, 이럴 때는 동생이나 친구한테 편하게 들려줘보고 말이 되는지 물어보는 것도 방법이다. 혹은 MBA와 관련 있는 이 업계 사람들 말고,

일반적인 친구 중 내 말을 관심있게 들어줄 사람한테 편하게 얘기를 해 보라.

"내가 중/장기적으로 A를 하려고 하는데, 현재로서는 그렇게 하기 어려워. 그래서 우선 5년 안에 B, C를 하다 보면 목표 A로 갈 수 있을 것 같아. 그리고 B, C를 하기 위해서는 MBA를 하는 게 큰 도움이 될 것 같고."

이런 식으로 편안하게 이야기하듯 들려줘 보라. 듣는 이의 피드백을 받기도 전에, 말하는 동안 스스로 말이 되는지 안 되는지 느껴질 것이다.

듣는 사람이 "음, 그렇게 하면 진짜 목표 A로 가긴 가겠네. 그런데 A를 하려고 꼭 MBA 해야 되고, B, C도 해야 되?" 이렇게 물어보았을 때, 질문에 대해 일반적인 수준의 (업계 전문가용 수준이 아님) 논리적 답변을 할 수 있으면 된다. 듣는 사람이 끄덕 끄덕하게 되면 이것은 좋은 소재라고 볼 수 있는 것이다.

즉, 그 분야를 잘 모르는 사람이 들었을 때 논리적으로 이해가 된다고 하면 충분히 좋은 소재라고 말씀드리고 싶디. 굳이 동생이나 친구로 대표되는 'MBA 비 전문가'에게 얘기해 보라고 하는 이유는, 잘 모르는 사람에게 쉽게 설명이 되지 않으면 스토리나 소재,

논리성에 문제가 있는 것이고, 그들이 이해가 될 정도면 MBA 입학사정팀, 동문 인터뷰어들 모두 충분히 이해할 수 있을 것이라 생각하기 때문이다.

Tips: 활자 외 다양한 매체 사용을 요구할 때

기본적인 작업 진행 방향은 활자로 작성하는 에세이 진행 방법과 같다. 다른 점은 매체의 특성에 따라, 별도로 신경 써야 할 점이 있다는 것이다. 최근 유행하는 매체는 비디오 녹화인데, 이 경우 음성으로 잘 표현하는 것은 기본이고, 표정이 지나치게 가볍거나 어두워 보이지 않도록 충분히 연습하고 녹화를 하는 게 좋다.

보통 MBA 준비 해외 컨설팅 업체의 설명에 따르면 '침착함과 존재감을 갖고'(With poise and presence) 녹화 하라고 얘기한다. 말로는 쉬우나 실행하기 어려운 가이드이다. 오직 충분한 연습만이 도움이 된다고 말하고 싶다. 이 연습 방법에 대해서는 뒤에서 나오는 Video Interview 준비 과정을 통해 좀 더 자세히 설명하겠다.

8. 추천서의 추억 - 차라리 내가 쓰는 에세이가 속 편했다!

우리나라에서 추천서 (The Letter of Recommendation, 줄여서 LOR이라고 부름)라는 개념이 낯선 만큼, 추천서 제출 프로세스 자체가 궁금한 분들도 있을 것이다. 학교마다 차이가 있지만 대부분 이렇게 진행된다.

- 지원자가 원서 접수 사이트 (Application portal) 내에서 추천자 2명의 이름, 타이틀, 재직 중인 회사, 이메일을 등록한다. 이메일의 경우, 대부분 회사 이메일 계정, 개인 이메일 계정 모두 가능하다. 추천서 페이지에 이런 정보를 넣으면 된다.

	Name	Title	Company	E-mail Address
1	Jane Wilkins	Director	ABC Inc.	**jane.wilkins@abc.com**
2	Kildong Hong	Vice President	XYZ International	**kildong.hong@gmail.com**

표 8.1 원서 접수 사이트에 추천인 정보를 입력

- 지원자가 컨펌 하면, 등록된 이메일 각각으로 추천서 링크가 간다.

● 각 추천자는 그 링크가 포함된 메일을 열어 추천서 작성을 시작하면 된다. 간단한 개인 정보를 입력하고 추천서 내용을 작성한다. 추천서가 제출되면 지원자에게 통보 메일이 가기도 한다.

MBA 지원을 결심하고 추천서 지원 단계까지 오신 분들이면 자기 통제력도 높은 편이고 계획성 있는 분들이 많아 스스로 통제 가능한 환경을 좋아하실 것이다. 추천서 제출 시 가장 큰 문제는 이 과정이 스스로 통제하기 어려운 요소라는 점에서 시작된다. 그렇지만 추천서를 귀찮은 짐짝같이 여기면 절대 안 된다. 지원자 모두 어느 정도 경쟁력이 있는 상황에서, 하나 하나의 요소가 당락에 큰 비중을 차지하고 있음을 잊지 마시길.

저자도 추천서 준비를 하면서 답답하고 짜증이 났다. '도대체 이런 건 왜 하는 거야? 내가 어떤 사람인지 그렇게 구구절절 에세이에 다 썼잖아!' 라는 생각이 들기도 했다. 그렇지만 MBA 입학처에서 요구하는 필수 요소에는 다 그만한 이유가 있음을 명심해야 한다.

서구 사회의 프로페셔널한 직업 세계에서는 추천서 (Reference)가 중요한 요소로 여겨진다. 믿을 만한 사람이 써 준 추천서는 웬만한 자기 PR로 커버할 수 없는 엄청난 신뢰를 줄 수 있는 요소이다. 그리고 자신이 신뢰하고 좋아하는 주니어가 다른 회사를 알아보려 할 때 "내가 추천서 써줄게" 라고 하는 것만큼 큰 호의의 표시가 없다. 이 현상도 사실 우리나라에서 좀 낯 설긴 하다.

우리나라에서는 정확히 추천서라고 불리는 문서가 광범위하게 쓰이진 않으나, "김철수 선배님 소개로 연락처 받았습니다" 하면서 구직 활동을 하거나 일을 제안하게 되면 (그 연결고리의 인물의 평판이 좋다는 전제하) 뭐든 게 한결 쉬워지는 그런 개념이라고 이해하면 좋을 것 같다.

요점은, 추천서는 정말 중요한 요소이니 너무 우습게 생각하고 대충 해치우려 하면 안 된다는 것이다. 예전에는 추천서를 3명으로부터 받아오라 한 적도 있었다고 하니, 2명으로 줄은 것만으로 고맙게 (?) 생각하자. 해외 MBA 입학 컨설턴트의 추천서 관련 조언, 팁들을 참고하여[6] 다음과 같이 이상적인 추천서 준비 작업에 대해서 간략히 적어 보려 한다.

---

[6] (October 2019), Great MBA Recommendation Letters: Tips and an Example, Kyle Watkins, MBA Admissions Advisors

https://www.mbaadmissionsadvisors.com/great-mba-recommendation-letters-tips-and-an-example/

누구에게 부탁할 것인가?

추천서 작성 시 가장 중요한 문제이다. 나는 총 5개 학교에 지원하고 6분께 추천서 작성을 부탁드렸으니, 한 분 당 1~2개 학교의 추천서를 부탁했었다. 저자는 MBA 진학 전 대기업에 재직했고, 그 직장 내 다양한 인연 들로부터 추천서를 받았다. 이 과정에서 얻은 깨달음은 다음과 같았다.

첫째, 임원 분들한테 추천서 받는 것은 고되다.

둘째, 굳이 임원 분들한테 추천서 받는 것이 큰 차이를 가져오는 것 같지도 않다.

셋째, 가장 수월하게 진행된 경우는 부장, 과장 등 직속 상사한테 추천서를 받는 경우였고 결과도 좋았다.

저자의 경험상, 임원 분들 중에 추천서 부탁을 거절하신 분은 없었다. 특히 당신께서 MBA를 나오신 분이라면 자신의 절박했던 MBA 준비 시절을 기억하고서 기꺼이 도와주려고 한다. 그렇지만 그분들은 너무 바쁘다. 이런 경우엔 제출이 계속 늦어지게 되는데, 그렇다고 재촉하기도 어려워 피곤 해진다.

평소에 나를 좋게 봐주시던 H상무님께 해외 MBA 진학 계획을 말씀드리고 추천서 작성을 요청을 드리자 흔쾌히 도와주신다고 하셨다. 나는 그 분이 얼마나 바쁘 신지 잘 알고 있어서 (그 분의 월

요일-목요일 점심은 샌드위치가 디폴트였던 기억이 난다), 진짜 괜찮으시냐고 재차 여쭤보았는데, 당연히 도와주겠다고 말씀하셨다. 그 이후로도 그 분은 상상 이상으로 정말 바쁘셨다. 더구나, H 상무님께 부탁드린 추천서가 내가 가장 가고 싶었던 학교의 추천서였기 때문에 마감 며칠 전까지 제출이 안 되자 애가 많이 탔었다. 그러면서도 감히 리마인더 메일을 보내기에도 부담스러웠던 기억이 난다.

지원자 입장에서는 사내 고위 임원으로부터 추천서를 받고 싶은 생각이 들 수 있겠으나, 그 보다는 매일 커뮤니케이션 하는 과장급 ~ 부장급의 예전/현재 상사로부터 추천서를 받는 게 좋지 않을까 싶다.

학교에서도 같이 일을 해보고, 지원자와 업무적으로 정말 잘 아는 관계에 있는 사람으로부터 추천서를 받을 것을 권한다. 추천서에는 두리뭉실 좋은 얘기만 쓰는 게 아니라, 지원자의 강점/약점, 지원자가 건설적인 피드백 (Constructive Feedback)을 수용했던 사례, 팀워크와 리더십을 발휘한 사례와 스토리를 써야하기 때문에 실제로 지원자와 같이 일해 봤고 공유하는 경험이 있는 사이가 좋다고 본다.

그래도 높으신 분(?)으로부터 추천서를 받을 수 있을 것 같다면 가능성을 열어 두어서 나쁠 건 없다. MBA 입학 후 알게 된 건데, 어떤 친구들은 자기 나라 재경부 장관한테서 추천서를 받아온 사람도 있다고 하니…

다음과 같이 지원자에게 플러스가 될만한 추천인의 요소도 있다.

보스나 동료 중에 영문 작성이 편한 외국인이 있다면 그 분들로부터 추천서를 받는 것도 좋다. 추천서는 결국 영어로 작성해야 되는데, 초안을 드리면 톤 앤 매너(Tone & Manner)를 스스로 다듬어서 제출해 주시기 때문에 (보통 본인이 원래 쓰는 문체에 맞게 고치고 싶어 하심) 도움이 많이 된다.

저자의 경우 인도인 보스와 호주인 동료가 추천서를 써주었는데, 덕분에 지원 패키지 자체가 다양한 시각을 담은 흥미로운 패키지가 되었던 것 같다. 추천인들이 모두 한국인이면서 본인이 에세이부터 추천서까지 다 쓰다 보면, 한 사람의 목소리(Voice) 임이 분명히 느껴질 것이고 (에디팅 서비스를 받는다고 해도 실제 인물 각각의 톤 앤 매너가 담긴 것 보다는 다양성이 떨어질 것이다), 이렇게 스스로 모든 걸 작성하는 것은 결국 추천서의 원래 취지에서 멀어지기 마련이다.

추천인이 지원하려는 학교의 졸업생(Alumni) 인 경우도 큰 플러스 요인이다. 각 학교마다 컬처와 DNA 라는 게 있는데, 그 컬처를 겪어 본 사람이 모교에 맞는 인재라며 추천해 준다면, 입학사정팀 Admissions Committee (AdCom) 에게 당연히 플러스 요인으로 작용할 것이다.

그렇지만 이런 점은 말 그대로 플러스 요인일 뿐 추천인을 선택하는 결정적 요인은 아니다. 추천서의 취지를 생각해 본다면, 지원자와 실제로 같이 일을 해봤고, 지원자가 훌륭한 비즈니스 리더의 자질이 있다고 믿으며, 지원자에게 호의를 가지고 추천서 작업을 도와줄 이전/현재 상사 혹은 직장 동료가 가장 좋은 추천인이다.

어떻게 부탁할 것인가?

본인보다 더 바쁘고 업무가 많은 분께 호의를 베풀어달라고 하는 일이니만큼, 최대한 예의 있고 정중하게, 그분의 노고를 덜어드리는 쪽으로 준비해 가는 게 좋다고 본다. 간혹 지원자를 정말 잘 알고 지원자에 대해 많은 호의가 있는 분이라면 처음부터 끝까지 추천서를 쭉 써 주시는 경우도 있으나, 저자의 경우엔 이런 적은 없었다. 대부분 잘 없다고 한다.

그리고 GMAC Letter of Recommendation (LOR) 양식을 보면, 특정 상황에서의 상세한 일화를 써야 하는 경우가 많은데, 추천인보다는 지원자 본인이 더 생생하게 각각의 일화를 기억하는 경우가 많다. 나는 적합한 스토리를 본인이 직접 발굴해 내고 작성하는 게 추천서의 퀄리티를 높이는데 좋다고 생각한다.

추천인이 추천 작업을 승낙했다면, 본인의 레쥬메 + 에세이 + 추천서 초안 (거의 최종본이라 할 수 있는 초안)을 다 함께 추천인 메일로 송부 드린다. 레쥬메와 에세이까지 송부 드리는 이유는 추천인께서 이 사람의 프로필과 MBA 지원자로서의 Value Proposition을 이해해야 전체 패키지에서 본인의 작업이 차지하는 맥락과 의미를 아실 수 있기 때문이다. 전체를 이해하고 추천서를 작성했을 때와, 일부분만 보고 추천서를 작성했을 때의 퀄리티는 차이가 날 수밖에 없다.

추천서 내용의 핵심은 보통 지원자의 강점과 약점인데, 앞에서 얘기한 25가지 가치 중 에세이나 레쥬메 등 다른 항목에서 언급하지 않은 가치를 다루는 게 좋다.

예를 들어, 에세이에서 Diversity 와 Communication ability를 자주 언급했다고 하면, 추천서에는 Analytical mindset을 언급하는 것이다. 이런 식으로 에세이, 레쥬메 등에서 크게 어필하지 않은 강점 6개, 약점 2~4개를 선택해서 추천서 2부에 겹치지 않도록 나누어 언급하는 게 기본적인 구조이다.

아래는 GMAC Letter of Recommendation 양식 중 일부 질문이다. 전체 양식은 GMAC 웹사이트에서 확인 가능하다[7].

---

[7] GMAC 웹사이트, The Common Letter of Recommendation (LOR)

https://www.gmac.com/reach-and-recruit-students/prepare-candidates-for-the-exam-classroom/common-letter-of-recommendation-lor

- How does the performance of the applicant compare to that of other well-qualified individuals in similar roles? (e.g. what are the applicant's principal strengths?) (Maximum word count: 500 words)

- Describe the most important piece of constructive feedback you have given the applicant. Please detail the circumstances and the applicant's response. (Maximum word count: 500 words)

한편 모든 학교의 추천서가 GMAC의 공통 LOR (Common LOR) 양식을 쓰는 것은 아니다. 추천서 양식은 학교마다 조금씩 달라서 GMAC Common LOR을 쓰는 학교도 있고 그렇지 않은 곳도 있다. 학교별 양식과 질문은 학교 웹사이트 혹은 Clear Admit 사이트[8] 등을 통해 확인할 수 있다.

---

[8] Clear Admit, Admissions Tip: 2017-2018 MBA Recommendation Questions In One Place

언제 부탁할 것인가?

빠르면 빠를수록 좋다. 추천인께서 여유 있게 제출해 주시면 정말 감사할 따름이지만, 생각보다 여유 있게 제출해 주시는 분들이 많지 않다. 직장 생활해보면 아시겠지만, 다들 바쁘기 때문이다.

이상적으로는 추천서 데드라인으로부터 1달 전 쯤에 위에 말한 레쥬메 + 에세이 + 추천서 초안 패키지를 메일로 보내 드리는 게 좋다. 보통 바로 해준다고 하시는데 그렇다고 바로 되지는 않고, 2주 정도 기다렸다가 다시 리마인더 드리면 그때 진짜 해주실 것이다. 그렇게 마감일 1주 전쯤에 추천서가 제출되면 마음이 편해질 것이다. 후배 중에는 추천인이 데드라인 날 제출하시는 바람에 너무나 마음 졸였다는 경우도 있으니, 꼭 미리미리 부탁드리길 바란다.

그리고 미국 MBA 2라운드에 지원하는 경우라면 연말이 껴있는데, 연말의 51주차 ~ 52주차에는 사무실에 아무도 안 계신다는 것 또한 직장인들은 잘 아실 것이다. 이 점도 감안해서 좀 더 미리 움직여야 한다.

추천서 준비가 GMAT처럼 버거운 일은 아니다. 그렇지만 다른 사람을 통해서 하는 일이니만큼 속을 좀 썩히는 부분이 있으니, 미리미리 준비하셔서 마음 고생 덜하고 추천서 항목도 잘 챙기시길 바란다.

9. 원서 제출을 향해

레쥬메는 1장 밖에 안 되는데 왜 이렇게 어려울까?

영문 레쥬메 또한 한국 내에서만 취업 준비를 했다면 익숙치 않은 부분이다. MBA에 제출할 레쥬메는 자기소개서처럼 길지도 않으며 딱 A4 1페이지인데도 생각보다 어렵다.

레쥬메 작성에 관한 세세한 규칙 (Calibri, Arial 폰트 사용 등)은 구글링을 통해 충분히 검색해 볼 수 있는 정보이니 이런 부분은 넘어가고 MBA 제출 시 유념할 부분들, 그리고 추후 리크루팅 시까지 레쥬메를 활용하는 방법 위주로 알아보자.

아직 읽어보지 않았다면, Google의 People Operations 임원이었던 Laszlo Bock의 유명한 레쥬메 관련 포스팅을 꼭 읽어보길 바란다. 반드시 피해야 할 레쥬메 실수들, 그리고 Bullet Point 작성법에 대해 잘 정리된 내용이다.

- The Biggest Mistakes I See on Resumes, and How to Correct Them
- My Personal Formula for a Winning Resume

이 표는 MBA 제출용 레쥬메에 관한 필수적인 체크리스트이다. 기본 규칙에 따라 작성한 후 내 레쥬메가 체크리스트에 부합하는지 한 번 검토해 보자.

	검토 항목	Y/N
1	1 페이지에 작성했는가? 오타는 없는가? 형식에 일관성이 있는가?	
2	Bullet Point 에 내가 한 일 (Action) 과 결과 (Results)가 드러나는가?	
3	한 줄 한 줄, 내가 남에게 자신있게 소개 할 수 있는 내용인가?	

표 9.1 MBA 제출용 레쥬메 필수 체크리스트

각 항목에 대해 부연하자면 다음과 같다.

첫째, 1 페이지 내 작성, 오타 확인, 일관성 있는 포맷팅은 아주 기본적인 내용인데, 기본적인 것들이 잘 지켜지지 않는 경우가 있다. 본인의 경험이 많아 1페이지가 넘는데 어떻게 하면 좋냐는 질문이 있는데, 경력이 10년이 넘어가지 않는 이상 여백을 줄이거나 폰트를 작게 해서라도 1페이지 이내로 작성하기를 추천한다. 즉,

full-time MBA 지원자의 경우엔 1페이지가 넘을 일이 거의 없다. 2페이지까지도 괜찮다고 하는 의견도 있지만, 내가 경력 10년 이내 지원자라면 1페이지에 작성할 것이다.

또한, MBA에 지원하는 레쥬메인 만큼, Education을 가장 위에 작성하고, 그 다음 Work Experience를 쓰는 것이 좋다. 보통, 취직을 위해 작성하는 경우에는 Work Experience를 가장 위에 작성하는 경우가 많아 주의가 필요하다. Work Experience의 분량 조절에도 신경을 써야 한다. 풀타임 경력이 5년 이상 되는 경우, 학부 때 했던 인턴십 내용이나 동아리, 학회 활동에 대해 많이 쓰기보다는 풀타임 경력 내용에 대해 집중할 필요가 있다. 그리고 요즘엔 오타가 있어도 내용이 좋으면 괜찮다고 하기도 하는데, 기본적인 것에서 문제가 없는 게 좋다.

둘째, Bullet Point의 정석은 각 Bullet Point 가 2줄을 넘지 않도록 작성하고, 최대한 하기와 같은 포맷으로 만드는 것이다. 나의 활동과 행동의 결과, 그리고 회사에 기여한 성과가 숫자로 드러날 수 있도록 해야 한다.

● A, B, C 액티비티를 해서 결과적으로 매출 $XXX 규모 사업의 Taxation 을 담당했다
● A, B 마케팅 캠페인을 기획하고 1 달 동안 운영해서, 월 사용자 수를 20% 증대 시켰다

그리고 내가 회사에서 한 모든 일을 Bullet Point에 작성할 필요는 없다. 직장 생활을 하다 보면 의도치 않게 이것저것 하는 경우가 생긴다. 예를 들어, 내 본업은 서비스 런칭이고, 서비스 기획, 경쟁 서비스 분석, 런칭 프로젝트 관리, 시장 진입 전략 수립 등의 업무를 주로 한다고 해보자. 그런데 일을 하다 보면 오퍼레이션도 조금 하고, 경영진에서 갑자기 문의가 와서 얼떨결에 현황 보고서도 쓰고, 그 와중에 잠깐 테스트용 폰을 구매하기도 했을 것이다. 이런 경우엔 가장 핵심적인 업무, 성과가 있었던 활동, 남에게 소개하고 싶은 활동 위주로 작성하면 된다.

셋째, 나는 칸을 채우려고 봉사 활동에 관한 한 줄을 넣었는데 인터뷰어가 그 내용에 확 꽂혀서 꼬치꼬치 물어보는 경우가 있었다. 그러나 나는 5년 전 봉사활동 내용이 잘 기억나지 않아 당황했던 기억이 있다. 딱 1 페이지 분량의 내용에 본인이 스스로 하이라이트하고 싶어서 넣은 한 줄일 것인데, 기억이 잘 나지 않는다고 하는 것만큼 당황스럽고 부끄러운 일이 없을 것이다. 그 때 레쥬메에는 한 줄, 한 단어도 신중하게 넣어야 한다는 교훈을 다시 한번 되새겼다.

추가로 중요한 점은, 학교마다 레쥬메 Template을 제공하는 경우도 있다. INSEAD mba cv template, Oxford mba cv template 등으로 구글링 해보면 학교별 양식을 쉽게 찾을 수 있다. 당연히 웹사이트에도 올려져 있으니, 이러한 학교별 양식이 있는지 사전에 찾아보는 것이 필요하다.

FirstName LASTNAME

firstname.lastname@insead.edu / firstname.lastname@personalmail.com
+65 XXXX ZZZZ / +33 VWWXXYYZZ

Space for an optional photo – delete cell if not used

EDUCATION

INSEAD   *add/delete as needed* **Singapore / France / UAE**
MBA Class of July 2018   **2017 - 2018**
Member of (insert names) Club(s)
More information (optional, for example scholarship, GMAT score, competitions, etc.)

SCHOOL NAME   **City, Country**
Degree / diploma   **Year - Year**
• Active in ...
More details ...
SCHOOL NAME   **City, Country**
Degree / diploma   **Year - Year**
• Active in ...
• More details ...

EXPERIENCE

COMPANY NAME   **City, Country**
Company Description (optional - remove this row if not needed)
Job title   **Year - Year**
• Achievement 1 ...
• Achievement 2 ...
• Achievement 3 ...
Achievement 4 ...

COMPANY NAME   **City, Country**
Company Description (optional - remove this row if not needed)
Job title   **Year - Year**
• Achievement 1 ...
• Achievement 2 ...
• Achievement 3 ...
• Achievement 4 ...

COMPANY NAME   **City, Country**
Company Description (optional - remove this row if not needed)
Job title   **Year - Year**
• Achievement 1 ...
• Achievement 2 ...
• Achievement 3 ...
• Achievement 4 ...

ADDITIONAL INFORMATION

Interests:
Work authorisation(s) *(or Nationality if you prefer):*
Languages: L1 (Native), L2 (Fluent), L3 (Business), L4 (Basic) *Please add or delete as appropriate*
Please add Computer Languages or other Technical Competencies as appropriate

그림 9.1 INSEAD MBA CV Template

Forename SURNAME
e-mail: professional email address tel: UK landline or mobile

Education and Qualifications

2000-2003	**University/Universities** Location; City and Country	Degree and Subject applicable additional info

Work Experience

Sep-07 – Aug-10   **Official Company Name**   City, Country
Job title
- Please use 3-4 bullets maximum to describe your job function & responsibilities
- Concentrate on your achievements, and what you have distinctly contributed to in each role, using quantitative examples where possible
- Examples that may assist you –
- "Advised client's Digital Media division on £3M international expansion, coordinating a team of 8 analysts during initial research phase"
- "Structured and negotiated equipment deal financing including credit purchases, rentals, and 31 lease contracts worth $745k"

Jun-05 – Sep-07   **Official Company Name**   City, Country
Job title
- Make sure your work experience comes to life, consider what someone reading your CV would be most interested in
- Avoid any negativity or short comings on your CV that may raise the wrong questions
- Try to avoid having your CV read like a job description

Mar-04 – Jun-05   **Official Company Name**   City, Country
Job title
- Try to ensure your CV is easy to scan, start bullet points with relevant action verbs
- You can also include significant relevant voluntary experience in your work experience if it is applicable
- Try to avoid industry jargon that may not be understood

Aug-03 – Mar-04   **Official Company Name**   City, Country
Job title
- Use past tense for roles you have completed
- Please set dates using the abbreviated month and two digits for the year, you must include months as well as years
- Make sure your CV is an accurate reflection of you and what you want to highlight about your experience
- Stick to facts you can easily discuss. Avoid subjective comments

Additional Information

Interests: Concentrate on activities you participate in and are willing to talk about. You should highlight achievements in those activities. Eg. rather than just listing 'running' say 'running – participated in several marathons, President of the Oxford Runners Club'

Achievements: List academic or other achievements here, for example
First Class Honours, Previous University
Study abroad scholarship (selected 3 out of 600 students)
Principal Cellist of London Youth Orchestra

Nationality: your nationality, dual nationality, and any additional work authorization if applicable
Languages: languages other than English and ability level eg. German (fluent)

그림 *9.2 Oxford MBA CV Template*

110

참고로, MBA 합격 이후, 학교에 입학하기 전까지 약간의 정신적인 여유가 있을 것이다. 이 때, 업계 (컨설팅, 테크 등)별, 직무 (Consultant, Business Development Manager, Project Manager 등)별로 몇 개의 템플릿을 만드는 작업이 필요하다. 컨설팅 업계 제출용, 테크 업계 제출용, Business Development Manager 공고 제출용마다 초점이 조금씩 다르기 때문이다. MBA 입학 후에는 직무별로 내 일을 바라보는 관점을 달리 해가며 Bullet Point를 작성할 시간과 정신적인 여유가 부족하기 때문에 입학 전에 이러한 작업을 해두면 좋다.

그렇지만, 일단 MBA 지원 단계에서는 지원 학교에 제출할 레쥬메 하나만 작성하면 된다.

원서 접수 사이트 뽀개기

MBA 준비 초기에는, 정보를 좀 수집한 것, MBA 졸업생과 얘기를 나눈 것만으로도 많은 것을 준비한 느낌을 받을 것이다. 그러다 GMAT을 준비하면 내가 목표까지 얼마나 한창 남았는지 절절히 깨닫는다. 어떻게 든 GMAT을 마무리하고 나면 다 끝난 줄 아는데, 에세이를 쓰며 울고 싶은 심정이 된다. 어떻게서든 에세이까지 쓰고 진짜 거의 다 완성한 줄 알았을 때쯤, 원서 접수 사이트에 들어가보면 '아니 왜 이렇게 쓸 게 많아?' 하는 생각이 들게 된다.

MBA 입학 컨설팅 회사들이 '원서 접수 사이트 내 텍스트'까지 포함해서 수수료를 책정한다는데, 그럴만한 이유가 있다 싶을 만큼 쓸 내용이 많고 중요한 질문도 많다.

원서 접수 사이트 내 추가 항목 작성 시 가장 유념해야 되는 부분은 내용들 간에 모순이나 충돌이 없도록 일관성 있게 내용을 작성하고, 에세이, 추천서와 같은 다른 지원 요소들과 비슷한 퀄리티를 유지하는 것이다. 시간에 쫓겨 쓰다 보면, 내용 간에 모순적인 부분이 발생할 수도 있고, 심혈을 기울여 작성한 요소들 (에세이, 추천서) 대비 내용이 부실해 보일 수 있기 때문에 어느 정도 시간을 들여 작성할 것을 추천한다.

질문 내용은 학교마다 차이가 많이 있어서, 원서 접수 사이트 내 추가 항목만으로도 에세이만큼 고민을 많이 해야 되는 경우도 있고 기본적인 인적 사항 정도만 적는 경우도 있다.

원서 접수 사이트 내에서 나올 수 있는 질문 리스트는 다음과 같다.

❖ 이전에 해당 학교에 지원했는지 여부

❖ 현재 재직 중인 직장과 관련된 질문
  ● Have you told your employer that you are applying?
  ● Is your employer willing to support you? In what way
    – time, tuition, or both
  ● What is your organisation's main area of activity?
    (number of employees, date of employment, annual
    salary/ bonus)
  ● Tell us about your responsibilities, day-to-day role,
    reason for taking this role

❖ 학비 조달 계획을 묻는 질문
  ● Do you intend to apply for scholarships?
  ● How do you plan to finance your studies?

❖ 국제적 경험 관련 질문 (International exposure)
  ● List your most significant examples of international
    exposure that you have experienced, living, studying,

working or traveling outside your own country.
(Travelling, business meeting, project assignment,
exchange program, etc.)

❖ 영어 구사 능력 관련 질문 (English language ability)
● I have lived for at least two years in an English-
speaking country (Y/N)
● Have you completed or are you completing a full-time
qualification in English?
● Outline experience of working or studying in an
English-speaking environment

❖ 학업 성취도 관련 질문 (Academic performance)
● Do you feel that your academic performance so far
gives an accurate indication of your potential for
success on the program? If so, why? If not, why not?

❖ 학교에 대한 관심도 관련 질문

- When did you start researching an MBA program in general?
- How did you first hear about this program?
- Have you attended an event on or off campus where you met with representatives from the school? If yes, please tell us when, where and who you met.
- If you know any XXX school alumni or students, please give their names, graduating class and tell us how you know them.
- Have you applied to other business schools? Where? Main selection criteria?
- Would you like to be in touch with any of the school clubs?

❖ 학생 비자 관련 질문 (Previous study visa information)
- UK Visas and immigration place a cap on the length of study a non-EU student can do in the UK. If you have studied in the UK, give a specific date of visas issued for the study period.

❖ 동반 가족 관련 질문
- Will you bring your spouse/partner/children?
- We encourage applicants to take into consideration the impact of study on family and friends. Who have you discussed your plans with and what was the response?

❖ 취미 생활 관련 질문
- Describe your main interests and activities in your free time.

❖ 다양성 관련 질문 (Diversity monitoring)
- Mention your birth date, gender, ethnicity, disability

❖ 전과 기록 관련 질문
- Do you have any criminal convictions?

최근 복병 Video Interview

몇 년 전 부터 Video Interview 라는 항목이 원서 접수 시 필수 항목으로 들어가게 되었다. 보통 비디오 인터뷰 3rd party 솔루션을 활용해서 진행되며 (예: Kira Talent, https://www.kiratalent.com/) 하기와 같은 내용의 이메일을 받은 후 Check-In을 진행, 화상 카메라를 켜 놓고 녹음하면 되는 것이다. 솔루션에 적응할 수 있는 연습 시간은 충분히 주어지지만, 한 번 테스트로 진입하면 다시 녹화할 수 없으며 그 자리에서 테스트를 종료해야 한다.

Dear applicant,

Thank you very much for taking the time to submit an application to our MBA programme!

We are pleased to now invite you for a video interview as part of our online application process.

We very much look forward to meeting you virtually through this video interviewing. We are excited to get to know you better. You will see that we have recorded questions which will help us to understand you better – your personality, your potential, and how you think on your feet.

The process is simple - you will be asked a question, and then a set amount of time will be given to you to prepare and respond to the question. The whole interview should only take 20 to 30 minutes to complete.

You will require a computer with internet connection, a functioning webcam and a microphone. The system allows for unlimited practice sessions but once you start the formal interview questions you only get one chance - this allows us to see your authentic responses.

그림 9.3 Kira Talent에서 오는 이메일

테스트가 도입된 배경은 지원자가 정말로 영어로 얘기할 수 있는지를 시험하기 위함으로 여겨진다. 이 대목에서, "아니 지금까지 영어로 GMAT 시험 보고, 토플, 아이엘츠 시험 보고, 에세이까지 쓰고서 아직도 영어 실력 검증을 위해서 영어 스피킹 테스트한다고?" 이런 의문이 들 법하다. 그런데 그 배경을 살펴보면 지원자들 중에서 교묘하게 기출 문제 풀이, 후기 암기 등을 통해 영어 시험을 패스하였지만 실제로는 영어로 말을 하지 못하는 사람들이 꽤 있었기 때문인 듯 하다.

이 얘기를 한 이유는 Video Interview의 목적이 무엇인지 알아야 대응 방법이 결정되기 때문이다. 결국, Video Interview는 순발력 (후기 등을 통해 답안을 암기할 수 없는 상황 속에서의 순발력) 있게 영어로 말할 수 있는지를 테스트하기 위함이다. 그렇지만 질문의 수준 자체는 에세이, 추천서 질문에 비하면 낮은 편이고, 토플 스피킹 4~6번 문제, 아이엘츠 스피킹 수준과 크게 다르지 않다고 봐도 무방하다.

그렇기 때문에 스트레스 받을 게 많은 원서 접수 시기에 Video Interview 때문에 지나치게 스트레스 받지 않아도 된다. 영어 시험 점수를 허투루 만들어 낸 게 아니라면 기존의 영어 시험들보다는 쉽게 여겨질 수준이라 생각한다. Video Interview 용 기출 문제도 인터넷 상에 많이 알려져 있어 예측해 볼 수도 있다. 'Kira Talent interview questions' 라고 구글링 해보면 어느 정도 질문 수준이 감이 잡힐 것이라 생각하며 질문들에 2~3분 내외로 답변하는 것을 연습해 보도록 하자.

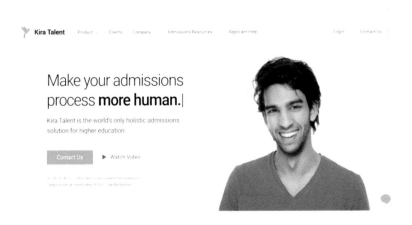

그림 9.4 Kira Talent 홈페이지

Tips: Apply Master 파일

혼자서 준비하다 보면 신경 쓸 정보가 정말 많다. 학교별 정보 수집부터 학교 별 데드라인, 각종 입학 요건 관련한 정보도 관리하고 진행 현황도 체크해야 한다.

그럴 땐 Apply Master 파일을 엑셀로 만들면 다양한 정보들을 한 눈에 관리할 수 있어 좋다. 저자는 3개 Sheet를 사용했었다.

Sheet 1: Short-list

어느 학교에 지원할지 결정하기 위해 필요한 정보들 (factors that affect my decision making)을 기록한다. 관심있는 학교들을 리스트 업 한 후,

1) 정량적 요소 조사 (GMAT, 영어점수, 본인 경쟁력, 경쟁자 고려)

2) 정성적 요소 조사 (어느 필드에서 와서 어디로 가는지? Culture 가 어떤지?)

3) 기타 고려 사항 (정원, Tuition Fee)

학교	정량적				정성적			기타 사항	
	GMAT		영어점수		커리어		Culture	정원 (명)	학비 (원)
	평균	Mid 80%	토플	IELTS	Pre MBA	Post MBA			
AA	737	610-790	(avg) 112	(min) 7.0	Invest.Bank, Consulting, Tech	Tech, Finance, Consulting	반골기질, 인생의 Up and Down, Entrepreneurship	410	1.4 억/ 2 년
BB	732	600-780	(avg) 109	-	Consulting, Finance, Tech	Consulting, Tech	Teamwork 과 Collaboration	464	1.4 억/ 2 년
CC	725	640-780	(avg) 110	(min) 7.0	Consulting, Finance, Industry	Tech, Consulting, Finance	Entrepreneurship	282	1.2 억/ 2 년
DD	722	690-760	Not Required		Finance, Consulting, Tech	Consulting, Software/ Internet	Entrepreneurship	404	1.6 억/ 2 년
EE	696	640-730	(min) 110	(min) 7.5	Industry, Finance, Consulting, NonProfit	.Top recruiters: Amazon, Google, McKinsey	Entrepreneurship	200	8 천만/ 1 년
...	...	...	...	...					

표 *9.2 Short-list sheet*

Sheet 2: Tracking

5개 정도 지원하게 되면 엑셀로 주요 지원 요소별 준비 여부, 마감일 관리가 필요하다. 원서 접수 데드라인, Interview Decision Release Date, Interview Date, Final Decision Date 등을 적어 두고, 원서접수에 필요한 요소들을 다 준비했는지 O/X로 표시한다. 이렇게 일정을 관리하면 헷갈리지 않고 편리하다.

| 학교 | Application Requirements | | | | | | | | | 에세이 | | 추천서 | | | 온라인 지원 | 최종 제출 |
	Deadline	Interview Decision	Interview Day	Final Decision	Info Session	졸업장, 성적증명서	지맷	TOEFL IELTS	레쥬메	초안	최종	추천인	초안	전달		
AA	10/2	10/31	11/19	12/15	17/08/19	O	O	O	O	O	O	Wilkins	O	O	O	O
BB	1/3	2/1		3/27	17/10/25	O	O	O	O	O	O	Wilkins, Hong	O O	O O	O	O
CC	1/5	1/26	Feb	3/9	17/10/16	O	O	O	O	O	O		O O	O O	O	O
DD	1/5	1/26		3/26	Webinar	O	O	O	O	O	O		O	O	O	O
EE	1/24	3/2		4/6	17/10/18	O	O	O	O	O	O		O O	O O	O	O

표 *9.3 Tracking sheet*

Sheet 3: Contacts

여러 학교별 인포 세션, MBA Tour 등을 찾아가 많은 사람을 만나다 보면 누가 누구인지 헷갈린다. 연락처와 담당업무, 그 사람의 특징, 대화를 통해 알게 된 점 등도 엑셀 표로 기입해 놓으면 편리하다.

10. 정말 중요한 네트워킹 마인드셋

크게 보면 공식적인 오프라인 네트워킹 기회는 다음과 같다. 참가비는 무료이다.

첫째, Top MBA 학교에서 개별적으로 개최하는 학교별 이벤트 (보통 인포 세션, Info Session이라고 부름). 매해 서울을 방문해 학교와 MBA 프로그램에 대한 프레젠테이션도 하고, 학교 담당자와 간단히 대화할 수 있는 기회를 제공한다.

둘째, 국내에서 열리는 MBA Tour 도 있어서, 여러 개의 학교를 동시에 만날 수도 있다. 각 학교의 부스를 방문하여 정보를 얻을 수 있는 오픈 박람회 형식이다.

● The MBA Tour : 보통 7 월 말 서울에서 열림
● QS World MBA Tour : 보통 8 월 말 서울에서 열림

이런 네트워킹 이벤트에 한 번이라도 가본 사람은 알겠지만 사람들이 정말 많다. 혼자서 해외 MBA 입학을 준비하다 보면 '나만 특이하게 MBA 가려는 생각을 하나?' 할 수도 있는데, 이런 이벤트에 가보면 얼마나 많은 사람들이 관심을 갖고 있는지 알게 된다.

처음 이 곳에 간다면 당황할 수도 있다. 그냥 맹숭맹숭 있어도

난감한데 와인 한 잔 쥐여주면 더 난감했던 기분이란? 저자도 처음엔 이렇게 사람이 많은 곳에서 어떻게 네트워킹을 하는 건가 싶었다.

결국 네트워킹도 해 보면서 늘어가는 (Learning by Doing) 측면이 있긴 하다. 자기 소개도 간결하고 깔끔해 진다. 누구와 얘기를 나누면 좋을지도 빨리 파악이 된다. 나는 비슷한 업계, 혹은 같은 학교, 같은 회사 분들에게 좀 더 적극적으로 다가갔다. 조금이라도 대화의 연결 고리가 생기기 때문이다.

그 후 최소한 인터넷에 있는 질문은 하면 안 되기 때문에 온라인 상으로 학교 조사를 충분히 한 다음, 인터넷으로 답을 찾을 수 없는 질문을 해야 할 때 연락을 드리고 시간을 정해 통화를 하거나 커피 챗을 하곤 했다. 1:1 만남이 불편할 때는 지원자 2명 + Alumni 1명과 같은 조합으로 모임을 만들어 보기도 했다.

피할 수 없으면 즐기라고, 네트워킹이 정말 그렇게 필수적이라면 즐거운 마음으로, 이 기회에 새로운 사람을 만난다는 기쁨을 갖고 만났다. 그 중에서는 생각보다 더 가까워져 MBA 졸업 후에도 연락하고 지내는 사람도 생긴다. Alumni 도 사람이고 돈 받고 하는 일도 아닌데, 기계적으로 학교 정보만 물어보면 좀 피곤할 것이다.

저자도 졸업 후 Alumni의 입장이 되어 지원자들을 도와주거나 정보를 주는 입장이 되어 보니, Alumni가 이 일에 참여하는 이유는 대략 이런 듯하다.

① 나의 성장을 도와준 학교에 대한 보답

② 최신 현황 파악 및 새로운 흥미로운 사람들을 만나고 싶은 니즈

③ 예전의 행복했던 시간으로의 추억 여행 등

내가 지원자 입장이었을 때는 그런 점까지 생각할 여유가 없었지만, 해외 MBA에 관심을 갖고 지원 준비를 시작한 사람들 대부분은 이미 흥미로운 스토리를 많이 갖고 있다.

"토플 000점이면 이 학교 갈 수 있어요?", "학점 안 좋은데 이 학교에 갈 수 있어요?" 같은 질문만 하기 보다는, 상대방도 흥미를 느낄 수 있도록 이야기를 끌어 나가다 보면 학교 생활, 교육 과정에 대해 좀 더 깊이 있게 알 수 있고, 그런 과정 속에서 진짜 호감이 가는 학교를 마음 속에 정해 나갈 수 있다.

간혹 네트워킹을 꼭 해야 되냐는 질문을 받곤 했는데 어느 정도는 꼭 해야 된다. 현실적인 이유로, 원서 제출 시 동문들과 실제로 얘기를 했는지 물어보기 때문이다 (이름, Class, 만난 계기 등에 대해 상당히 자세히 묻는 항목이 있다). 더 본질적인 이유는, 그 엄청난 시간과 돈을 투자하면서 실제 경험을 들어 보지도 않고 진학 결정을 한다는 것은 어불성설이기 때문이다. 마지막으로, 내가 관심 있는 N개 학교 중에서 어느 학교와 더 핏이 맞고 어디에 집중해야

할지를 알려면 동문들, 입학 팀 관계자들을 실제로 만나보는 것 만큼 좋은 방법이 없기 때문이다.

INSEAD 졸업생과의 Coffee Chat

저자도 본성은 'Shy' 한 한국인인지라 개인적인 질문을 하기 위해 사내의 누군가에게 (그것도 나보다 높은 사람에게) 말 거는 일이 쉽진 않았다. 그렇지만 1년 내내 MBA 추천서를 받고 학교 정보를 캐기 위해 여기저기 묻고 다니다 보니 이런 일들이 조금 편해졌다.

그 중 가장 인상적인 만남은 INSEAD 졸업생과의 만남이었다. 저자보다 정확히 20년 많으신 한 임원분과의 Coffee Chat이었다. 한 30분 남짓이었지만 그녀는 나에게 많은 것을 전달해줬었다. 그녀가 나를 알긴 하지만 '잘' 알지는 못했기 때문에 추천서를 부탁해도 괜찮을까 싶은 마음도 들었다. 하지만 막판에는 이런 저런 생각을 할 여유가 없어서 무작정 요청을 드렸는데 너무 흔쾌히 써주겠다고 하셨고, 추천서는 물론 에세이와 레쥬메도 리뷰해 주셨다. 중요한 생각할거리도 주셨다.

"과연 또 다른 경쟁자, 예를 들어 당신 보다 경력이 좀 더 많은

29세의 프랑스인과 비교한다면 당신이 더 내세울 수 있는 건 뭐인 것 같습니까?"

"이 여러 에세이 질문에 대한 답을 다 읽고 나면 입학 담당관 머릿속에 뭐가 남을 것 같습니까? 그에게 무슨 키워드를 남기고 싶은 가요?"

내가 이렇게까지 신경 써 주실 줄 몰랐다고 하자 꼭 잘 되면 좋겠다고 하셨다. MBA를 준비하지 않았다면 만나지 못했을 법한 (알고 지낸다 해도 깊이 있게 얘기하기 어려웠을) 사람들을 많이 만났다. 돌이켜보면, MBA 지원 과정에서도 많은 배움이 있었다.

유용한 온라인 정보 끌어 모으기

MBA 준비하는 분들은 늘 시간이 부족하지만 그렇다고 정보 탐색을 안 할 수도 없다. MBA 준비 시장에는 말도 많고 허구가 많아서 정보의 옥석을 잘 가려야 한다. 잘못된 정보를 탐색하면 시간 낭비와 멘탈 약화 라는 심각한 문제가 생길 수 있기 때문에 더더욱 필요한 정보만 골라서 보는 게 필요하다.

개인적으로 비 추천 하는 정보원(Source)은 편협한 시각으로 다른 학교들을 깎아 내리는 글이 많은 웹사이트이다. 특히 밑도 끝도 없이 'X 대학교>> Y 대학교>>>>> Z 대학교' 이런 부등호로 모든 판단을 내리는 글이 많은 곳은 정말 피하라고 말하고 싶다.

우선, 이렇게 단순하게 판단을 내리는 사람들이 해외 Top MBA 졸업 후에 조직의 비전을 제시하는 비즈니스 리더가 될 수 있을 것 같지 않다. 어떤 요소를 판단의 기준으로 놓느냐에 따라 - 졸업 직후 취업 가능성, 졸업생들의 평균 연봉, 학교가 배출한 창업자 수, 졸업생 중 CEO 수 - Top MBA 학교들 간에도 순위가 바뀔 수 있기 때문이다.

한편, 내가 오프라인 이벤트 외에 온라인에서 유익한 정보를 모은 곳은 다음과 같았다.

학교별 공식 홈페이지

누가 뭐라고 해도 가장 정확한 정보는 학교 웹사이트에 있다. 가고 싶은 학교의 웹 사이트 정보는 정말 자주 꾸준히 봐야 한다. 많은 학교들이 웨비나도 여는데, 시간대를 체크해서 Sign Up 하고 듣다 보면 도움이 많이 된다. 나는 우선 Sign Up 해 놓고 듣기 시작하면서 도움이 되면 집중해서 다 듣고, 크게 관련이 없는 정보라고 하면 백그라운드로 틀어 놓다가 필요한 부분만 듣곤 했다.

MBA Prep Community

1) Poets & Quants (https://poetsandquants.com/)

MBA 준비한다면 모두가 아는 전 세계적으로 유명한 사이트로, 랭킹 이상의 정성적 정보를 얻을 수 있는 사이트이다. 포스팅들을 읽다 보면 가보지 않은 학교라도, '이 학교에는 collaboration을 강조하는 학풍에서 공부하는 teamwork 좋은 학생들이 많은 편이구나'와 같이 전반적인 컬쳐, 학풍에 대해 감을 잡을 수 있다. 이 사이트의 설립자가 미국 Darden MBA를 졸업해서인지 미국 MBA를 좀 더 자세히 다루는 경향이 있으나, 나름 균형 있게 유용한 정보들을 제공한다.

2) Clear Admit (https://www.clearadmit.com/)

이 사이트는 지원자들이 본인의 스펙을 올리면서 서로의 스펙을 평가해주고 자신의 경쟁력에 대해 평가하는 곳이다. 익명의 공간인만큼 다 믿을 수는 없겠지만 참고해 볼 만하다. 다만 스펙을 평가하는 웹사이트들의 특성 상, 꼭 완벽에 가까운 사람들이 '걱정처럼 보이나 뻔히 자랑인' 글을 올린다. (마치 나 수능에서 1개 틀렸는데 00 대 갈 수 있을까? 이런 글) 이런 사람들은 어디나 있으나 그리 많지 않으니 너무 겁먹거나 놀라지 마시길 바란다. 1라운드/2라운드 접수 시점 앞뒤로 너무 자주 보면 신경을 뺏길 수 있다는 단점이 있기 때문에 적절히 활용하기 바란다.

3) The Touch MBA Podcast (http://touchmba.com/podcast)

MBA 준비를 A-to-Z 로 따지면 1~2년 이상 걸리는데, 이 긴 시간 동안 혼자 준비하다 보면 상당히 고독하다. 우선, 어느 정도 합격 그림이 나오기 전에 직장 내에 얘기하는 것은 절대 삼갈 일이다. MBA에 크게 관심이 없는 친구한테 고충을 토로하면, 공감을 얻기가 어렵다. "그럼 하지마~ 왜 사서 고생이니" 라는 반응이 돌아올 공산이 크다. 그렇다고 MBA 준비하는 한국 친구와 고충을 나누면 처음엔 서로 이해가 되니까 신나다가, 결국 이들이 가장 직접적인 경쟁자임을 깨닫게 된다. MBA 준비하는 인도, 미국 친구들과 얘기하면 경쟁심은 딱히 없는데 서로 이해가 잘 안 될 것이다. 인도 친구들은 GMAT 안정권도 다르고, 그 들만의 경쟁이 따로 있는 듯하다.

그럴 때마다 나는 팟캐스트를 많이 들었다. 출퇴근 길에 유튜브로 The Touch MBA 채널을 들었는데, 정보를 얻는 걸 넘어 재미적인 요소도 있어서 거의 매일 같이 들었던 기억이 난다. 학교별 입학사정팀 담당자랑 Darren 씨가 1:1 인터뷰하는 형식인데, 생동감 있고 비교적 최신 정보가 많다. 출퇴근 시간에 가볍게 들어 보시길 추천한다.

Step 4. 인터뷰 - 여기까지 왔다면 희망을 가져보자

11. 인터뷰 접근 마인드

여기까지 왔다면 희망을 조금 가져봐도 좋다. 간혹 지원자 모두에게 인터뷰 기회를 주는 학교도 있지만, 대부분은 학교 입학 사정팀의 기준으로 지원자 중에 선별해서 인터뷰에 초대한다. 원서 접수 사이트에서 지원서를 제출하고 인터뷰 대상자로 선정되면, 접수로부터 대략 3주 ~ 1달 후에 인터뷰에 초대된 걸 축하한다는 메일이 올 것이다.

보통 인터뷰가 부담되는 가장 큰 이유는 '어떤 사람을 만날지 모른다, 인터뷰가 어떻게 전개될지 알 수 없다, 어떤 질문이 나올지 모른다' 라는 이유 때문이다. 하지만 MBA 인터뷰는 이 모든 게 거의 예상 가능하다고 말 할 수 있다. 충분한 준비를 통해, 인터뷰 석에 앉은 당신이 당황하지 않고 실력과 의지를 모두 보여줄 수 있도록 돕고자 한다.

인터뷰 초대 메일에는 두 가지 중요한 정보가 담겨 있다 - ① 인터뷰어에 대한 정보, ② 인터뷰 포맷(형식)에 대한 정보이다. 초대 메일에 이 내용이 없는 경우 며칠 후에 추가 메일이 올 것이다. 만약 안 온다고 하면, 이 두 가지 정보는 정말 중요한 정보이니 꼭 학교 측에 문의하여 정보를 얻도록 하자.

인터뷰 본격 준비 6단계 접근법

성공적인 MBA 인터뷰를 위한 6단계 접근법은 다음과 같다.

● **1단계: 기본 중의 기본 - 인터뷰어에 대한 조사는 필수!**

모든 회사, 학교 인터뷰는 소개팅과 비슷한 면이 있다. 한 방향이 아닌 서로 알아가고 호감을 얻어가는 과정이 필요하다는 것 (물론 학교나 회사가 원하는 호감 포인트와 이성이 원하는 호감 포인트는 다르겠지만), 무엇보다 중요한 공통 분모는 누가 나올지 상대방에 대해 미리 알고 가면 도움이 많이 된다는 것이다. 그 누구도 소개팅에 누가 나오는지 잘 모른 채 나가지 않을 것인데 MBA 인터뷰 또한 마찬가지다. 누가 나올지 내 정보력이 닿는 데까지 최대한 미리 알고 가야 한다.

학교마다 약간씩 차이가 있으나 인터뷰 초대 메일을 받고 나면 학교 관계자로부터 연락이 오고 약 1주일 내로 인터뷰어를 정해준다. 보통 지원자와 비슷한 백그라운드를 갖고 있으면서 같은 지역 내 거주하는 그 학교 Alumni 가 인터뷰어가 된다. 상호 간 숫자가 맞지 않으면 다른 백그라운드의 Alumni 가 배정되기도 하는데 크게 상관없다. 일반적으로 학교 이메일에는 인터뷰어의 이름과 기수, 현재 직장, 이메일 주소 정도만 적혀 있을 것인데, 이 정보를 바탕으로 인터뷰어에 대해 조사를 시작해 나가면 된다.

다행히 요즘 많은 사람들이 인터넷에 자신의 주요 성과를 올려 놓는데, 그 중 MBA 입학을 준비하는 우리가 체크해야 할 첫 번째 플랫폼은 바로 링크드인 LinkedIn이다. 전세계 대부분 프로페셔널 들이 자신이 하이라이트 하고 싶은 정보를 링크드인에 올려놓으니 이는 필수 체크 사항이다. 거의 모든 인터뷰어들이 지원자가 자신 의 링크드인 정도는 보고 왔을 것이라 예상한다.

그 외에도 이름으로 구글링을 하다 보면 그 사람의 페이스북, 개인 웹사이트, 혹은 예전에 받은 수상 경력, article 등을 찾을 수도 있다. 지인 중에 이 사람을 알 것 같은 사람이 있다면, 당연히 그 지인에게 물어서 인터뷰어의 성향, 특징, 커리어 발전 과정 등을 알 아보아야 한다.

이 정도 조사를 하다 보면 그 사람을 만난 적은 없어도 친숙하 게 느껴지게 되고 그 사람의 스타일과 관심 분야 (e.g. 테크, 에너 지, 리테일, 신사업 등)에 대해서도 알 수 있으며, 인터뷰 진행 방 향에 대해서도 어느 정도 예상해 볼 수 있게 된다. 보통 MBA 졸 업자 중엔 컨설턴트가 많고 이들의 경우엔 컨설팅적인 접근법에 익 숙하니, Case in Point, 로지컬 씽킹 (Logical Thinking) 과 같은 책 을 읽으며 인터뷰를 준비해 보는 것도 좋다.

※ 인터뷰어가 학교 입학 팀 담당자인 경우

학교 입학 팀 담당자가 여러 라운드의 인터뷰 중 한 단계를 담당하는 경우도 있는데, 그 경우에도 링크드인으로 담당자에 대해 리서치를 해보길 추천한다. 보통 학교 담당자 인터뷰어들은 해당 학교에서 몇 년 간 일하며 학교의 컬쳐와 목표, 최근의 화두에 대해 잘 아는 사람들이다. 그리고 그 전에는 다른 학교에서 MBA 학생 리크루팅을 담당했을 가능성이 높은데, 링크드인 검색을 통해 이 사람의 지역적 포커스가 어디인지, 어느 지역에 대해 잘 알 것인지 살펴보면 도움이 된다.

● 2단계: 인터뷰 포맷을 파악하기

MBA 인터뷰 포맷은 대면 방식, Interviewee 숫자에 따라 다음과 같이 나누어 볼 수 있다.

대면 방식에 따라	Interviewee 숫자에 따라
(1) 학교 내 Face-to-Face (On-campus interview) 인터뷰	(1) 1 : 1 인터뷰
(2) 학교 밖 Face-to-Face (Off-campus interview) 인터뷰	(2) 그룹 인터뷰
(3) 화상 인터뷰	

표 11.1 MBA 인터뷰 유형

1) 대면 방식에 따라

(1) 학교 내 Face-to-Face (On-campus interview) 인터뷰

      이 방식은 보통 필수가 아니고 선택 사항이다. 물리적으로 학교 내 F2F 인터뷰를 참석하기 어려운 경우가 많기 때문에는 다른 방법을 택할 수 있다.

장점:

● International 학생이 학교 내 Face-to-Face 인터뷰를 선택하게 되면, 그 학교에 정말 가고 싶다는 것에 대한 확실한 증거가 됨

● 캠퍼스를 방문해 보면 말로 전달할 수 없는 학교 컬쳐, 분위기, 캠퍼스 주위 지역 사회와의 관계 등을 알 수 있음. 여러 학교를 고민 중이라면 방문이 의사결정에 도움이 됨

● 보통 MBA 재학생과의 교류 세션이 포함되어 있기 때문에 많은 정보를 모을 수 있음

● 학교 담당자들에게 최신 학교 동향이나 궁금한 점에 대해 조금 더 자세하게 확인할 수 있음

단점:

- 비용 문제. 본인이 비행기 티켓, 숙박비 등 전 여정 비용을 부담해야 함
- 직장인들의 경우 급하게 자리를 비우고 인터뷰를 다녀오는 게 어려울 수 있음
- 준비가 완벽하게 되지 않으면 (혹은 순발력, 영어 실력이 부족하다면) 불필요하게 자신의 약점이나 부족한 점을 노출할 수도 있음

저자의 경우 미국 학교에서 초대를 받았을 때는 비용과 시간의 문제로 인해 가지 않았다. 영국 3개 학교에서 인터뷰 초대를 받았을 때는 영국과 프랑스 학교 간에 고민을 많이 하던 참이었다. 영국의 학교를 직접 둘러보는 게 좋겠다는 생각이 들어 학교 내 F2F 인터뷰를 선택했었다.

(2) 학교 밖 Face-to-Face (Off-campus interview) 인터뷰

대부분의 International Students 지원자들이 선택하는 형태이다. 저자도 3개 학교의 인터뷰를 이 형태로 지원했다. 인터뷰어는 보통 그 도시에 거주하는 졸업생이다.

장점:

● 가장 일반적인 형태이며 인터뷰를 스케쥴링, 참여하기
  쉬움

● 내가 잘 아는 도시, 지역에서 인터뷰를 볼 때의 편안함.
  인터뷰 자체만으로도 상당한 긴장과 스트레스인데, 처음
  가보는 나라, 도시에 찾아가서 제대로 차려 입고 인터뷰를
  차분하게 본다는 게 쉽지만은 않은 일이다. 그리고
  한국에서 유럽, 미국 등으로 장거리 여행을 떠나다 보면
  학교에 가기도 전에 별 희한한 일들로 지칠 수도 있다.
  (예: 공항 보더에서 출입국 담당자와 실랑이, 유럽에서
  의외로 빈번한 캐리어 분실 등) 내가 어느 셋팅에서
  최고의 기량을 보여줄 수 있는지 생각해 볼 필요가 있음

단점:

● 무난한 형태라 특별한 단점은 없어 보이나, 학교를 직접
  방문한 것만큼의 체험 효과는 없음

(3) 화상 인터뷰

인터뷰어와 Skype 등으로 화상 인터뷰를 진행하는 방식이다. 보통 (2) 번을 진행하기 어려울 때 선택하는 형태로, 시공간 제약 조건이 없다는 장점 외에 별다른 장점이 없다.

단점:

● 많은 학교들이 어쩔 수 없는 경우의 back-up 옵션으로 화상 인터뷰를 제시하는데, 그럴만한 이유가 있다[9]. 기술적인 문제가 생길 가능성도 있으며 (접속 이슈/오디오/비디오 문제 발생 등), 아직까지 대부분의 사람들은 화상 인터뷰에서 대면 인터뷰만큼의 기량을 발휘하기 어렵다고 생각한다. 처음 보는 인터뷰어의 마음을 화상 통화로 사로잡는다는 것은 보통 어려운 일이 아니다. 개인적으로도 추천하지 않는 방식이며, 이미 안면이 있는 동료들과 화상 미팅을 하는 것과는 또 다른 차원의 난이도라고 말하고 싶다.

어쩔 수 없는 이유로 이 방식을 통해 인터뷰한다면, 반드시 노

---

[9] COVID-19 기간 동안엔 back-up 옵션이 아니라 유일한 옵션이 되긴 했다.

트북 Camera 화면을 띄워 놓고 충분히 연습하기 바라며, 인터뷰를 진행할 공간에 대해 여러 돌발상황을 충분히 검토, 고려하여 정하길 바란다. 깨끗한 뒤 배경에 빛이 지나치게 반사되거나 약하지 않은 곳, 방해가 없고 조용한 공간에서 진행한다.

2) Interviewee 숫자에 따라

(1) 1 : 1 인터뷰

인터뷰어 1명, 인터뷰이 1명이 대화하는 형태. 80% 이상 대부분의 MBA 인터뷰는 이 방식으로 진행된다. 인터뷰의 일반적인 구성은, 인터뷰어의 자기소개 (5분 이내) → MBA 인터뷰 질문 (40~50분) → 마지막 Q&A (10분) 이다.

(2) 그룹 인터뷰

Wharton, Cambridge MBA 등에서 활용된 방식으로, 인터뷰어 1명이 진행자/Facilitator 역할을 하며 아젠다를 제시하고, 인터뷰이 3~4명이 이에 대해서 얘기를 하는 방식이다. 1:1 인터뷰에 비해 생소한 방식으로, 그룹 인터뷰 초대를 진행하는 학교의 인터뷰 합격자들이 스터디 그룹을 만들어 연습하기도 한다.

● 3단계: MBA 빈출 질문 확인하기

MBA 인터뷰의 질문은 80% 이상 정해져 있다. 'XX MBA에 A, B, C 이유로 꼭 가고 싶으며, 나는 XX MBA에 가기에 충분한 자격이 있다' 결국 이 얘기를 하기 위해서 만나는 것이 아닌가. 질문이 무궁무진하지 않다는 점이 부담을 줄여준다.

나의 목표는 전체 질문의 80% 이상을 차지하는 빈출 질문에 대해 충분히 준비된 답변을 제시함으로서 인터뷰 페이스를 유지하고, 완벽하게 예상하기 어려운 20% 분량의 질문을 자신감으로 해결해 나가자는 것이었다.

빈출 질문은 크게 두 가지 기둥으로 구성되어 있다.

왜 나를 뽑아야 하는지?	왜 MBA 에 오려는지?
· 자기 소개 · 레쥬메를 기반으로 지난 경험에 대해 설명 · Behavioral Questions	· Why MBA? · Why this school? · Why Now?

표 11.2 MBA 인터뷰 빈출 질문

첫번째, 학교 입장에서 왜 나를 뽑아야 하는지, '나'와 관련된 질문들. 구체적으로는 자기 소개, 레쥬메에 대한 설명, 행동에 관한 질문들 (Behavioral Questions)이 이 항목에 들어간다고 보면 된다. 당연한 얘기 겠지만, 이런 질문과 답변은 결국, 왜 나를 뽑아야 하는지에 대한 질문과 그에 대한 설명이라고 할 수 있다.

두번째, 왜 MBA에 오려는 지와 관련된 질문들. 왜 MBA를 하려는 지 (Why MBA?), 그 많은 MBA 프로그램 중 왜 우리 학교를 오려고 하는지 (Why this school?), 그리고 왜 지금 하려는 지 (Why Now?) 이렇게 3개가 가장 대표적인 질문이다. 다른 두 개 질문 대비 상대적으로 'Why Now?' 라는 질문에 대해 덜 준비하는 경향이 있는데, 이 질문도 다른 두 질문만큼이나 중요한 질문이다. 멀쩡히 잘 다니고 있는 회사를 관두고 왜 굳이 지금 MBA를 하려고 하는지에 대한 논리적인 설명이 필수적이다.

하기 질문은 위에 말한 두 가지 핵심 기둥의 구체화이다. 질문의 수가 많아 보여도, 핵심 기둥 두 가지를 벗어나지 않는다. 'Frequent MBA interview questions'를 구글링 해보면 질문이 조금씩 다르다 하더라도 위에 말한 두 가지 범주 안에 들어온다는 걸 알 것이다.

MBA 빈출 질문에 대해 다음과 같이 나열해 보았다.

* * *

MBA 빈출 질문 리스트

1. Introduction

- Tell me a little bit about yourself.
- Walk me through your resume.
- Discuss your educational background.
- Describe yourself. Use 3-4 words that best describe you.

2. Past Experience

- What led you to decide a career in [your profession]?
- What was your role in [your previous company]?
- What were your major duties and responsibilities?
- What was your greatest accomplishment in a previous position?
- What was the biggest challenge when you worked at [your previous job name]?

- Tell us 3 key learnings from your previous work experience.

- What competencies/capabilities did you get from your previous job?
- Why did you leave your previous positions?
- Tell me about your best boss. Why do you consider them the "best"?

3. Why MBA

- Why do you plan to do an MBA?
- How important is getting an MBA vs an alternative path?
- Why [your MBA program name] in particular?
- Why [city your school is located]?
- Why now?

- How can you contribute to [your school name]?
- Any courses you have in mind that you want to take?
- What clubs will you participate in?
- If you did not get into business school, what would you do?
- If you are admitted to our program, what do you think your biggest challenge will be?

- Why should we admit you?
- Do you have any questions about the school and program?
- What are you most looking forward to in business school?

4. Behavioral questions

- Tell me about a time when you were a member of a great team. What role did you play in making the team great?
- Tell me about a time when you had to work with someone you did not get along with.
- Tell me about a time when you were the leader of a team and the team disagreed with your decision. How did you handle it?
- Tell me about your accomplishments as a leader.
- Tell me about your leadership style.

- Tell me about a time that you worked hard to accomplish something but didn't.
- Tell me about a time when you suggested a better way to do something.

- Tell me about a time when you had to handle conflict within your group.
- You are a team member and you disagree with an important decision that you believe will have a negative impact on the project. How will you proceed?
- Describe a situation that was a great learning experience.

- Describe an experience that you felt was rewarding.
- Describe a time where you had to adapt to a different culture.

5. Who are you?

- What are your strengths and weaknesses?
- What are your short-term and long-term goals?
- What are your short-term and long-term career goals?
- What are you most proud of?
- What are your hobbies?

- What book are you reading now?
- How do you handle stress?

* * *

● 4 단계: 빈출 질문 답변 내용 작성하기

에세이 작성이 정말 중요한 또 하나의 이유는 향후 인터뷰 내용의 기반이 되기 때문이다. 에세이에서 작성한 나에 대한 소개와 Why MBA의 답변들이 인터뷰 내용으로 바로 사용된다. 에세이 내용을 기반으로, 위에 말한 핵심 질문들에 대한 답변을 스크립트 형식으로 준비해 보는 걸 추천한다. 어떤 분들은 스크립트를 쓰면 거기에 얽매여서 순발력 있는 답변 안 나오고, 행여나 스크립트 대로 말이 나오지 않았을 때 당황하게 되며 머리속에서 더 혼란이 생긴다고 하시는데, 이런 말씀도 일리가 있다.

하지만 내가 강조하고 싶은 것은 스크립트를 암기하는 것이 아니다. 스크립트를 작성하면서, 머리 속에서 맴돌던 생각들이 구체적으로 나열, 전개된다고 생각한다. 간혹 기가 막힌 아이디어가 떠올랐을 때, 분명 머리 속에서는 기 막히게 좋았던 것이 쓰다 보니 생각만큼 대단하지 않았음을 깨달을 때가 있다. 그만큼 서술의 힘은 크다. 당연한 얘기지만, 인터뷰어는 음성과 제스처로 형태화 된 내용만큼만 이해할 수 있을 뿐, 나만 아는 머리 속 멋진 생각까지는 알 수가 없는 법이다.

사람마다 준비하는 방식이 조금씩 다를 수는 있으나, 스크립트를 한 번 써보면서 내 생각들이 어떻게 전개될 것인지 인지해 보길 바란다. 예시로, Great Applications for Business School, Second Edition (Paul Bodine 저서)의 257페이지 스크립트 내용을 참고하자.

[Question] "Walk me through your resume."

[Script] I majored in biochemistry in college because I planned on becoming a doctor. A summer job as an equipment tester at my father's pharmaceutical firm and a macroeconomics course sparked my interest in E*Trade and Mercer Consulting, I accepted an offer to become an associate consultant in the Chicago office of McKinsey & Company.

McKinsey's hypothesis-driven approach to problem-solving fit my science background perfectly. I also wanted a general introduction to finance, marketing strategy, or operations in a variety of industries, which consulting for McKinsey could give me. A McKinsey project gave me my first taste of entrepreneurship ⋯

이런 식으로 핵심 질문에 대한 본인의 스크립트를 작성해 나가는 게 인터뷰에 대한 준비이다.

● 5단계: 형식에 대한 준비 - 녹음, 녹화, 시청, 보정

구슬이 서 말 이어도 꿰어야 보배라는 오랜 속담이 정말 틀린 말이 아니다. 자신의 생각을 글과 영상, 두 형태로 제작해 보신 분들은 확연히 느낄 수 있는데, 글 형태와 비디오/오디오 형태는 확연히 다르고, 다른 포맷에 적응해야만 그 포맷 속에서 최대의 효과를 낼 수 있다. 인터뷰는 어찌 보면 real-time, interactive 한 비디오/오디오 형태의 진행이다.

내용이 좋아도 형식에 익숙해지지 않으면 좋은 성적을 거둘 수 없으므로 반드시 형식에 대한 준비를 해야 한다. 구체적으로 말해, 스크립트를 말하는 나의 모습을 녹음, 녹화해 보아야 한다. "뭘 이렇게까지…" 라고 생각하면 절대 안 된다.

GMAT 부터 달려온 모든 노력의 결실을 맺어야 하기 때문에, 절대로 '이렇게까지 해야 하나' 라고 생각하지 말길 바란다. 여러 번 녹음, 녹화해보고 자신의 모습을 평가한 후 여러 번 연습해서 재 녹음, 녹화를 해봐야 한다. 처음에는 내 자신이 이렇게 못 하나 충격 받을 수도 있으나 연습하면서 많이 개선된다.

어느 정도 연습해야 하냐면, 최소한 5개 핵심 질문 (자기 소개, Walk me through your resume, Why MBA? Why this School? Why Now?) 에 대해 답변하는 나의 모습이 스스로 만족스러울 때까지이다.

한 질문에 대한 답은 가급적 2~3분 이내를 넘지 않아야 한다.

녹음해 보면 알겠지만 혼자 3분을 얘기한다는 건 꽤 긴 시간이며 이 이상은 지루해질 수 있다. 이 시간이 넘게 되면 중간에 한 번 끊고, 인터뷰어의 관심과 호응도를 체크한 후 ("I can talk about more details if you are interested") 다시 내 얘기로 돌아오길 추천한다.

● 6단계: 가상의 인터뷰어와 Mock-interview

혼자서 인터뷰 준비를 마친 분들에게 추천하는 다음 단계이다. MBA 인터뷰 혹은 영어 Job Interview를 경험해 본 분들, 영미권에서 대학교/대학원 교육을 받은 분들이 주위에 있다면 이 분들께 가상의 인터뷰어가 되어달라고 부탁해서 40분 정도 1:1 모의 인터뷰를 해보는 것이다. 이 인터뷰 연습의 초점은 핵심 질문에 대해 자신의 답변을 정확하게 제시하는 것은 물론, 핵심 질문 외 인터뷰어가 새로운 질문을 던졌을 때, 당황하지 않고 일정한 퀄리티와 속도로 답변을 이어 나가는 것이다. 유료로 이런 연습을 해볼 수도 있으며 최소 3번 정도 mock-interview 연습을 해 보는 것을 추천한다.

Tips: 여유와 미소를 잃지 말기, 제스처 신경 쓰기

이는 비단 MBA 인터뷰 에서만이 아니라, 모든 인터뷰에서 해당되는 사항이다. 인터뷰에 초대했다는 것은 지원자의 지적 능력, 직장 경력, GMAT, TOEFL, IELTS, GPA 점수가 검증되었다는 의미로 해석하면 된다. 학교들도 바쁠 텐데 굳이 복잡하고 피곤하게 한사람 씩 따로 불러서 인터뷰를 하는 것은 결국 직접 만나봐야 느끼는 verbal, non-verbal 한 중요 요소들이 많기 때문이라 생각한다.

인터뷰 준비를 하다 보면 예상 질문이 끝이 없는 것처럼 느껴지고, 준비를 덜 한 것 같아 걱정이 될 법도 하다. 그래서 인터뷰 가기 직전까지 스크립트만 보는 사람도 있는데, 이보다는 열심히 준비하되 한 발짝 떨어져서 여유를 가져 볼 필요가 있다. 어떻게 보면 답변 하나하나의 내용보다도 전반적인 인터뷰 구성을 세련되게 매니징 하는 게 더 중요할 수도 있다.

문을 열고 들어가서 자신감 있고 정중하게 인사하기, 적절한 Small Talk 하기와 같은 제스처도 긍정적인 영향을 준다. 가급적 주는 물이나 커피는 고맙게 마시자 - 인터뷰어도 긴장 풀어주려고 이것저것 주는 건데 가급적 받자. 나중에 진짜 목이 타기도 하니 물이나 아이스 아메리카노를 주문하는 것이 좋겠다.

그리고 중요한 팁 - 어떤 질문에 대해 생각이 안 나면, 즉각 대답하지 않아도 된다. 물론 "Walk me through your resume", "Why did you apply to XX MBA?" 같은 아주 당연한 질문에 대해 바로 대답을 못 하는 것은 큰 문제다.

그런 기초적인 질문 외 예상하기 어려운 질문을 받았을 때는, "Can I have a moment to think about that question?" 이렇게 말하면 지금까지 내가 만난 모든 인터뷰어는 "Sure, take your time" 이라고 답변했었다.

중요한 질문에 대해 잠깐 생각할 시간을 갖고 말하는 건 긍정적으로 여겨진다. 아무 말이나 하는 게 아니라 충분히 생각해서 말한다는 느낌을 줄 수 있고, 스스로 페이스를 조절하기 위해 상대방에게 쉼표를 요청하는 것 자체가 수동적이지 않고 상호적인 커뮤니케이션을 구사하는 자신감 있는 지원자로 보이게 한다.

반대로 정제되지 않은 답변을 허둥지둥 시작하게 되면 말하면서 스스로 '어 이건 이상한데?' 이렇게 느끼게 되고 → 당황한 나는 말이 더 빨라지고 → 말이 빨라지는 자신을 발견하며 얼굴이 빨개지고 → 이 사태를 빨리 수습, 마무리하려고 하니 말이 더 빨라지고 → 이런 식으로 질문 몇 개 더 받으면 머리가 멍… 이렇게 된다. 이는 인터뷰가 산으로 가는 길이다.

꼭 여유를 가지시길.

그리고 한국인이 웃지 않으면 화가 나 보인다고들 한다. 너무 실실 웃으면 역효과이고, 옅은 미소를 유지하되 가끔 Small Talk가 재미가 있으면 좀 더 웃어도 좋을 것이라 생각한다. 이와 관련해서 실질적인 팁을 제시하자면, 영미권 비즈니스 리더들의 영어 인터뷰 영상을 보면서 어떤 제스쳐와 표정을 유지하는지 찾아보고 연구할 필요가 있다. 이 후 자신의 연습 인터뷰를 비디오로 녹화한 후 다시 살펴보며, 내가 이상적으로 생각하는 제스쳐에 가까워지도록 훈련해 보는 것도 좋다.

인터뷰가 끝나고 나서도 '나는 아직 여유가 있다' 이런 태도를 보여주면 좋다. '아름다운 캠퍼스에 직접 오게 되어 (혹은 당신의 사무실에서 당신을 직접 만나게 되어) 너무 기쁘다, 내일까지 캠퍼스를 잘 둘러볼 예정이다' 등의 대화로 인터뷰를 마무리하면 될 것이다.

12. 나의 인터뷰 후기 모음

미국 MBA 1곳, 영국 MBA 3곳, 그리고 INSEAD MBA 인터뷰 경험에 대해 얘기해 보고자 한다.

1) 미국 H MBA 인터뷰

미국 H MBA는 미국 내 10위권 내 들어가는 Top MBA 중 하나이다. MBA 이후 취업을 고려하고 있던 Tech 분야에 두각을 내고 있어 관심이 생겼고, 이 곳을 졸업한 가까운 동료로부터 좋은 인상을 받아 지원하게 되었다. 처음으로 지원한 학교이기도 하다.

학교에서 메일로 보내준 스케줄링 웹사이트 링크를 통해 인터뷰 시간을 정하고 어느 일요일 오전에 인터뷰어의 집 근처 카페에서 뵙게 되었다. 원래 40분 ~ 1시간 정도 진행되는데, 내 경우엔 좀 더 길어져서 1시간 20분 정도 얘기를 나누었다.

※ 인터뷰 구성

인터뷰어의 자기소개 (2분) → 인터뷰이의 자기소개 및 이력에 대한 간략한 Q&A (10분) → 일반적인 MBA 인터뷰 질문 (40분) → 인터뷰어의 학교 경험에 대한 공유 (15분) → 마지막 Q&A (10분)

첫 인터뷰어서 좀 긴장하였었지만, 인터뷰어께서 편안하게 인터뷰를 진행해 주셨고, 면접을 본다는 느낌보다는 우리 커뮤니티에 진짜 들어오고 싶은지에 대해 알아가는 시간, 우리 커뮤니티에 들어오는 것의 의미와 삶에 대한 영향에 대해 얘기해 보는 시간처럼 느껴졌다.

미국 MBA의 인터뷰는 미국 내 다른 Top MBA 대비 이 학교만의 문화와 특징이 무엇인지에 대해 자세히 얘기하는 경향이 있다. 미국 내에 좋은 학교가 정말 많고, 각각의 특색이 정말 다양하기 때문이다. 미국 MBA 인터뷰에서는 학교의 컬쳐에 대해 이해했다는 것을 어필할 필요가 있다. 컬쳐는 크게 보면 도시인가, 교외 지역인가에서 부터 시작하며, 동부/서부의 특색으로 이어진다. 대학교가 도시에 있는 것, 혹은 교외 지역에 있는 것이 MBA 생활에 어떤 여파를 미칠지에 대해 충분히 생각해 보았다는 것, 그리고 지원자가 그런 환경, 라이프 스타일에 잘 적응할 수 있다는 것을 전달하자.

* * *

나는 영국 MBA 3군데로부터 인터뷰 초대를 받았다. 이 3 곳은 영국 내 Top 3, 유럽 내 최상위권 MBA인데, 여러가지 이유로 이 곳에서는 그 이름을 밝히지 않고 각각 AB, CD, EF MBA 라고 부르기로 한다. 그 당시 여러 학교들을 고려하고 있었기 때문에 영국에 직접 가서 인터뷰를 보는 게 아깝지 않겠다는 생각을 했다. 백문이 불여일견이라고, 직접 캠퍼스를 방문해 보면 의사결정에 많은 도움이 된다.

2) 영국 AB MBA 인터뷰

영국 AB MBA의 On-Campus 인터뷰 전체 일정은 이틀에 거쳐 진행된다.

- 1 일차: 재학생, 인터뷰이들 간의 저녁식사
- 2 일차: Interview, Small Group Career Session, Campus-tour

일정상 1일차에 따로 캠퍼스를 둘러보고 저녁식사에 참석한 뒤, 2일차 오전 인터뷰 까지만 참석했었다.

- 1 일차 캠퍼스 탐방

영국 AB 역에 내려 한참 쭉 들어가면 AB 대학이 나오는데, 캠퍼스에 들어서면 마치 해리포터 세트장 같다. 오랜 역사의 최고 권위의 영어권 대학들 중 하나 답게 캠퍼스에 전통이 서려있다. 놀랐던 점은 생각보다 캠퍼스가 너무 아름답고 깨끗하며, 자연과 어우러져 있다는 점이었다.

사진 12.1 AB대학 전경

저녁 식사는 500년 역사를 자랑하는 Queen's College라는 곳에서 제공되었다. 지원자 및 지원자의 파트너까지 참석할 수 있고, Pre-Dinner라 하여 음료 혹은 술 한 잔 들고 주변 사람들과 가볍게 얘기를 나누고, 이후 저녁을 먹기 시작했다.

● 2일차 인터뷰 후기

MBA 프로그램 디렉터의 Welcome Speech에 이어 Adcom헤드와 지원자 4명이 모여 30분 가량 Small Group Careers Session 을 진행 했다. 지원자의 국적, 백그라운드 모두 다양했는데, 일부러 그렇게 편성하는 듯하다. 한국에 MBA 출신자가 많지만, 영국 MBA 내에서 한국인을 만나긴 굉장히 어려웠다.

인터뷰는 인터뷰어인 교수님 실에서 30분 동안 진행했다. 일반적인 인터뷰 순서에 맞게 ① 인터뷰어 본인 소개 → ② 내 Work Experience 소개 → ③ 경력에 대한 추가 질문 → ④ Why MBA? Why Cambridge? → ⑤ Any questions? 이렇게 진행되었다.

① 인터뷰어 본인 소개

인터뷰어이신 교수님은 40대 정도로 보이는 프랑스 여자분이셨고, 마케팅을 전공했다.

② 내 Work Experience 소개

이쯤 되면 1~2분가량 Work Experience 위주의 자기소개는 자연스럽게 나오게 된다. 경력상 가장 임팩트 있고 중요한 프로젝트를 소개하고, 최근에 하는 일로 마무리했다. 자기 소개 부분만 말이 너무 빨라지지 않도록 속도를 의식적으로 조절하려고 했다.

③ 경력에 대한 추가 질문

추가 질문은 예상하기 어렵지만, 답변 내용 중 불필요하게 인터뷰어의 호기심을 자극할 만한 얘기는 피하고자 했다.

④ Why MBA? Why AB?

"궁극적으로 이러 저러한 사업을 하고 싶다, 그런데 지금처럼 계속 큰 회사에서 같은 일을 하다 보면 내 최종 목표에 도달하지 못할 것 같다, 그래서 지금 적절한 Skill Set과 경험이 쌓였을 때 MBA에 가서 A, B, C를 함으로써, X, Y, Z를 배우고 싶다" 이런 골자로 답변했다.

"Why AB?" 질문에는 (1) 우수한 세계 최고의 인재들로 구성된 Class, (2) Europe MBA Class Body의 다양성을 꼽았다. (이 학교는 90% 이상이 영국 외 다른 학교에서 온 International Students이다)

⑤ Any questions?

꼭 끝나기 전엔 내가 질문할 수 있는 시간이 주어진다. 학교 프로그램 중에 XXX를 배울 수 있는 과목에 대해 물어보았다.

* * *

3) 영국 CD MBA 인터뷰

CD University는 하나의 마을을 형성할 정도로 정말 큰 캠퍼스를 자랑하는데, 그 중에 MBA 인터뷰를 보는 곳은 CD역 바로 앞에 위치한 Business School 건물이었다.

역시 학교를 와보니 느낌이 참 달랐다. 이메일만 주고받을 때는 학교 담당자들이 딱딱하게 느껴졌는데, 막상 학교에 가보니 입학 담당자들이 정말 반갑고 친절하게 맞아주었다. 가려고 마음먹은 학교는 가급적 가보는 것이 합격률 상승을 위해서도 큰 도움이 되고 학교 분위기와 자신의 Fit을 알아보는 데에도 도움이 된다고 생각한다.

이 곳에서는 학교의 입학 팀 담당자와 인터뷰를 진행했다. 입학 담당자와 인터뷰도 흐름이 크게 다르지 않았다: ① 인터뷰어 본인 소개 → ② 간단한 내 Work Experience 소개 → ③ 경력/Working Style에 대한 추가 질문 → ④ Why MBA? Why DE? → ⑤ Any questions?

대부분 MBA 빈출 질문들이 많았고, 질문 리스트들이 이미 쭉 정해져 있는 느낌이었다. 동문 인터뷰에 비해, 입학 담당자들은 좀 더 꼼꼼하게 Application Package를 읽고, 질문을 준비하는 것 같다. 간혹 미리 생각해 보지 않았던 새로운 질문들도 있었는데, 예를 들면 다음과 같다.

Q. 당신은 팀에서 팀을 리딩 하는 스타일인지, 혹은 팀원으로 일하는 스타일인지?

A. 학교와 직장에서 수많은 조별 프로젝트를 해본 결과, 팀의 최종 목표는 결과물을 만들어 내는 것이라는 생각이 많이 들었다. 나는 무슨 롤이든 간에 아웃풋을 내는데 초점을 맞춘다. 팀에 주도적이고 스스로 판을 짜길 좋아하는 Type A 들이 너무 많으면 조용히 있는 편이다. 반대로 리딩 할 사람이 없다면 기꺼이 팀 리더 역할을 한다.

Q. 지원자 본인은 졸업 후 Short-Term 목표로 유럽 내 International IT 회사에서 일하고 싶다 했는데, 이 목표를 위해 어떤 장애물이 예상되는지?

이 질문이 좀 어려웠었다. '어려운 점을 말하자면 비자 문제부터 걱정이고 이것저것 장애물이 너무 많은 것 같은데, 이렇게 구구절절 말하는 게 맞나?' 잠시 생각을 하다가 '자신감 모드로 나가야겠다' 라고 생각했다. 장애물들은 학교도 나도 다 아는데 굳이 언급할 필요가 없다고 생각했다. '차라리 이에 대한 고민은 끝났고, 실천적인 목표를 세웠다는 모습을 보여주자', 이런 생각이 들었다. 그래서 이렇게 대답했다.

A. 내 Short-Term 목표는 지금 하고 있는 Industry, Function 측면에서 크게 달라지지 않는다. 아마, Location만 변화할 것으로 예상하는데, MBA 과정을 통해 이는 충분히 가능한 목표라고 생각한다. 그리고 나는 이런 변화와 도전에 대해 흥미롭게 생각하고 있으며, 많이 기대하고 있다.

한편, CD MBA의 에세이 주제는 다른 MBA 학교들과 비교해 봤을 때 참 독특한 편이다.

"Consider a statistic or trend that shocks you. Why is it important to you and how could it be changed for the better?"

참 밑도 끝도 없는 주제인데, 이 질문에 대해서는 솔직하게 쓰는 게 좋다. 왜냐하면 첫째, 솔직해야 글이 잘 써지고 둘째, 글 쓰는 과정이 재미있고 스스로에게 도움이 되며 셋째, 이 에세이 내용은 인터뷰 때 또 다시 얘기할 것이기 때문이다.

사실, 쇼킹한 트렌드의 규모와 파급력을 따져보면, 아프리카의 물 부족 문제, 이민자 문제, 미국의 총기 사고 문제 등등 정말 중요한 글로벌 이슈가 많다. 나는 이런 주제에 대해 써볼까 생각해보다가, 솔직하게 말해서 이런 글로벌 이슈들에 그렇게 까지 많은 관심을 갖고 살아온 건 아니었기 때문에 생각을 접었다.

대신 나는 유년 시절부터 오랫동안 늘 관심 있었던 한 가지 문제점에 대해 주제로 잡고 썼다. 간단히만 언급하면, '그간 한국 사회에서 경제 활동의 주체로서 제 몫을 하기 어려운 여성의 삶을 관찰했고, 본인은 이를 변화시키기 위해 구체적인 노력을 기울였으며, MBA 이후로도 변화를 위한 삶을 살겠다' 라는 주제였다.

역시 예상한 대로 인터뷰 때도 이 에세이 내용에 대해 얘기를 나누었고, 나는 있는 그대로, '왜 이게 문제이고 내가 프로페셔널로서 나중에 어떻게 이 문제를 해결하기 위해 기여할 것인지'에 대해 얘기했다.

꼭 솔직하게, 평소에 내가 고민했던 문제에 대해서 쓰길 바란다.

* * *

4) 영국 EF MBA 인터뷰

※ 특이사항

일반적으로 alumni 인터뷰어들은 지원자의 resume 정보만 갖고 인터뷰에 참석한다. 반면, EF 학교의 alumni 인터뷰어는 지원자의 전체 지원 패키지 내용을 (resume, essay, 추천서, 온라인 입력 내용 등) 숙지하고 있어서, 본인이 제출한 내용들과 예상 질문들에 대비해야 한다.

내가 쓴 내용을 기억해야 한다는 것은 너무나 당연한 얘기 같지만, 여러 학교에 제출을 마치고 난 후 몇 주~ 2달 간의 시간이 지나 인터뷰를 보게 되면, 내가 쓴 얘기도 정확하게 기억이 나지 않을 수 있으니 유의하자.

인터뷰어에게 메일을 보내고 나면 인터뷰어가 선호하는 날짜를 알려준다. 보통 여유가 생긴 평일 오후 시간 혹은 일요일에 진행하며 인터뷰어의 사무실 혹은 커피 샵 등에서 만난다. EF MBA는 살짝 인터뷰가 긴 편이며 2~3시간까지 걸릴 수도 있다. 내 경우엔 인터뷰어가 바쁜 임원급이셔서 1시간 20분 정도 진행했다.

※ 인터뷰 구성

인터뷰어의 자기소개 (2분) → 일반적인 MBA 인터뷰 질문 (40분) → EF 만의 독특한 케이스 발표 (준비 시간 5분/발표 시간 5분 이내) → 다시 좀 남은 MBA 인터뷰 질문 (20분) → 마지막 Q&A (10분)

내용은 전형적인 MBA 질문, 비 전형적인 질문, 케이스로 나누어 볼 수 있다.

① 전형적인 MBA 질문

앞에서 말한 바와 같이 MBA 질문의 대다수는 정말 예측 가능한 질문들이다.

- Please briefly explain yourself
- Please walk me through your resume + 레쥬메 특이 사항에 대한 세부 질문
- What's your current / previous role? + work experience 후속 질문들
- What was your leadership experience?
- What's your career goal?

- Why MBA? Why EF MBA?
- What do you read these days? Do you like autobiographies?
- Briefly share your hobby

② 비 전형적인 질문

인터뷰어께서는 컨설턴트였는데, IT 대기업에서 일하는 저자에게 IT 동향 및 트렌드에 대해 어떻게 생각하는지 꽤 많이 물어보셨다. 예를 들자면, 다음과 같다.

- 왜, 어떻게 해서 Alipay 가 그토록 엄청난 플랫폼이 된 것 같은가?
- 한국 테크 서비스, 주요 포털이 세계화에 성공하고 있는 것 같은지? 안 되고 있다면 왜?
- 내가 담당하는 XX 서비스가 직면한 문제는 무엇인지?
- 한국식 Top- down approach 가 좋은지 아니면 서구식 Reach Consensus 가 좋은지?

꼭 MBA를 위해 답변을 생각하고 준비한 것은 아니었지만, 저자가 몸 담고 있는 업계의 주요 화두들은 평소 자주 생각하고, 주위 동료들 과도 얘기하던 주제였기 때문에 평소의 생각을 정리해서 얘기했다.

③ 케이스 (Case)

어떤 제품의 출시 전략 방안을 묻는 질문, 현재 핫한 비즈니스 이슈에 대한 질문이 A4 용지 1장 이내로 제시되며, 5분간 읽고 생각해서 발표를 준비하면 된다. 질문 범위도 방대하고 5분 준비 + 5분 발표 밖에 안 되기 때문에 사전에 완벽하게 준비하기는 어려운 면이 있다. 질문을 보고선 순발력을 발휘하여, 비즈니스맨이 듣기에 합리적으로 느껴지도록 준비하는 게 최선이다.

내가 인터뷰를 보던 해의 주제는 다음과 같았다.

> • 한국에서 비트코인 열풍으로 인해 사회적 문제가 되고 있고 이에 대해 정부가 규제하기 시작했다. 반면 몇몇 국가에서는 자기 나라를 home for cryptocurrency 로 만들겠다며 적극 장려중이다. 이런 규제에 대해 어떻게 생각하는가? 테크 기술의 발전은 어디까지 가능하며, 정부의 규제는 어느 지점에서부터 시작해야 하는지?

보통 인터뷰를 마무리하기 전에 인터뷰어가 본인한테 할 질문이 있느냐고 묻는다. 미리 2~3개 정도 생각해서 적절한 질문을 하면 되는데, 나는 인터뷰어가 재학 시절에 창업을 하셨길래 EF MBA 가 창업 준비에 많은 도움이 되셨는지 물어봤다. 이 분의 커리어가 내가 향후 따라가고 싶은 방향 그대로 였어서, 인터뷰를 통해 만난 것만으로도 너무 영광이었고, 인터뷰도 전반적으로 편안하게 느껴졌다.

* * *

5) INSEAD 인터뷰

5개 학교 중 가장 마지막이었기 때문에 좀 여유로운 느낌이 들었다. 무슨 질문이 나와도 편안하게 하자는 마음가짐으로 인터뷰를 보게 되었다.

※ 특이사항

INSEAD는 Alumni 인터뷰를 두 번 보고, 한국에서 인터뷰를 본다면 보통 한국인 한 분, 외국인 한 분을 만날 것이다. 보통 다른 학교들의 경우 Alumni 인터뷰어는 지원자의 resume 정보만 갖고 있는 반면, INSEAD Alumni 인터뷰어는 지원자의 전체 지원 패키지 내용을 알게 된다. Motivation essay를 공유할지는 지원자의 선택

사항인데, 이 옵션이 있는 이유는 essay 내용이 굉장히 사적일 수 있기 때문인 것으로 추측한다.

두 인터뷰 모두 평일 오후 서울에서 진행했다. 각 동문께서 근무하시는 사무실 근처 카페와 사무실에서 인터뷰를 보았고, 두 분다 나와 관련 없는 인더스트리에서 일하고 계셔서 살짝 걱정했으나 크게 상관은 없었다. 첫 번째 인터뷰는 1시간 정도, 두 번째 인터뷰는 45분 정도 걸렸다.

전형적인 MBA 질문은 다음과 같았다.

- Explain your work experience.
- Why INSEAD? Where else did you apply?
- What would you like to do after MBA? How can INSEAD help this goal?

인상적이었던 질문은 다음과 같다.

Q. INSEAD에 합격하면 정말 갈 것인가?

A. 무조건 선택 할 것이다. 그 이유는 ① IT업계는 변화가 너무 빨라서 2년씩 업계를 떠나 있으면 안 될 것 같고 1년제 MBA를 최우선 순위로 고려하기 때문이다 ② 졸업 후에 싱가포르에서 일하고 싶고 이를 위해선 INSEAD에 가는 게 가장 현명한 선택이다 ③ INSEAD는 미국인을 위한 미국 MBA 학교가 아니라 International 학생들을 위한, Diversity를 추구하는 학교라고 생각한다, 이 점이 굉장히 매력적인 것 같다.

Q. 본인이 T 국가에서 론칭 했다는 Product X 에 대해서 T 국가 출신 주변 동료들에게 물어봤었다. 그런데, 잘 모르는 것 같다. 이에 대해 지원자께서 설명해줄 수 있는가?

A. 마켓 T는 어려운 성숙 시장이고 이 업계의 뛰어난 회사들이 다 진출했으나 경쟁이 너무 치열해서 그 누구도 확실한 우위를 점하고 있지 않다. 동료분들께서 잘 못 들어 보셨을 수도 있으나 객관적으로 a, b, c 와 같은 성과를 이루어 냈다.

마지막으로, 인터뷰어의 성향에 따라 인터뷰도 조금씩 다르게 전개되는데, 첫번째 인터뷰어께서는 본인이 생각하는 INSEAD의 장단점에 대해서 말씀해 주셨다. 대부분 잘 알고 있는 내용이긴 했으나 동문께서 언급해 주시니 다시 한번 와닿았다.

두번째 인터뷰어께서는 인터뷰 시간을 MBA 관련 진짜 궁금한 점에 대해 얘기하는 시간으로 많이 활용하셨다. 그리고 졸업 후에 진로가 어떻게 전개되는지 말씀해 주셨는데, MBA 졸업생을 리쿠르팅 하는 다국적 기업의 Leadership Program에 지원해 보는 것을 추천해 주셨다.

13. 100% 합격과 선택의 과정

나는 5개 학교에 지원하여 5개 학교 모두 합격했다. MBA 준비를 시작할 때는 랭킹부터 눈에 들어오지만, 최종 합격한 학교들 중에서 선택하는 순간이 오니 신기하게도, 다른 많은 것들이 눈에 더 들어왔다.

나라, 지역, 학교 컬쳐, 졸업생 현황, 시간, 비용 등등.

나는 미국, 영국, 프랑스/싱가포르, 제각기 다른 나라에 위치하고 장단점도 각양각색인 학교 들로부터 오퍼를 받은지라 참 많은 고민을 할 수밖에 없었으나, 다양한 요소들을 조사하고 고려한 끝에 INSEAD에 가기로 했다.

'The grass always looks greener on the other side' 라고 이 선택으로 인해 놓치는 것들에 미련이 생기는 것도 사실이었지만, 선택을 통해 얻게 될 것들을 감사히 여기며 이를 최고의 기회로 만들어가야겠다 생각했다. INSEAD를 최종적으로 선택한 이유는 다음과 같다.

① Diversity 장학금 오퍼

학교로부터 상당한 금액의 장학금 - INSEAD Alumni Fund (IAF) Diversity Scholarship -을 받았다. 자비로 가는 입장에서, 장학금 제안은 강력하다. 스폰서십으로 가는 지원자가 아니라면, '학비 문제는 어떻게든 되겠지' 라는 안일한 마음으로 접근하면 안 된다. 자금 계획을 철저하게 세워야 하고, 장학금은 받을 수 있는 대로 많이 받아가는 게 좋다.

② 프랑스 + 싱가포르 캠퍼스

엔지니어 위주의 회사에서 Business Development/Project Management/Communication을 담당하면서 직업인으로서 나의 가치에 대해 많은 생각을 했었다. 좀 더 실감나게 표현하자면, '문돌이로서 나의 가치는 무엇인가? 최소한 남보다 더 낫다고 말할 수 있는 게 뭔가?' 라는 고민을 많이 했다.

내가 MBA 준비 당시 생각한 해답은 'International setting에서의 커뮤니케이션 능력과 사업 개발 능력이 내 엣지가 되어야 한다' 였다. 이를 위해 무엇을 잘해야 되는가 생각해보면, 영어는 기본적으로 필요한 것이고, 더불어 국제적 감각 및 다양성에 대한 수용능력이 정말 중요하겠다 싶었다. 다양성에 대한 이해 측면에서 INSEAD 만한 곳이 없다는 생각이 들었다.

그리고 재직 중이던 직장에서 유럽 국가 대상 신규 서비스 런칭 업무를 진행하면서, 서양 문화의 근원인 유럽에 관심이 많이 생겼다. 우리나라는 역사적으로 알게 모르게 미국의 영향을 많이 받았기 때문에 인지, 또 미국에서 공부하려고 하니 미국의 영향은 이정도면 충분하다는 생각이 들었다. 좀 더 새로운 영향을 받아들이고 싶었고, 세계의 다양한 프로페셔널들과 공부하고 싶었다.

그리고 해외 취업의 가능성이라는 요소를 놓고 생각해 본다면 INSEAD의 싱가포르 캠퍼스가 굉장히 매력적으로 느껴졌다. 해외 취업을 한다면 싱가포르에서의 기회에 집중하고 싶었고, 그런 면에서 싱가포르 캠퍼스에 있는 게 좋겠다는 생각을 했다. 아직까지도 어느 나라를 막론하고, 선택할 수 있다면, 채용 담당자 및 면접관은 Face-to-Face 인터뷰를 선호하기 때문이다.

③ 오랜 기간, 넓게 형성된 Alumni network

INSEAD는 1957년에 설립되어 MBA로서는 역사가 오래된 편이며 5만여 명의 동문이 170여 국에서 활동하고 있다. 전 세계적으로 정말 광범위한 네트워크를 형성한 학교이며 이는 하루 아침에 다른 학교에서 따라잡을 수 없는 특장점이라는 생각이 들었다. 링크드인에서 조금만 찾아보아도, INSEAD 졸업생 들의 다양한 활동 폭에 대해 알 수 있을 것이다.

그 외에도 무직 생활로 인한 연봉 손실 기간이 적다는 점 (학업 기간 1년), 빈번한 파리 출장 중에 프랑스라는 나라에 대해 좀 더 배워보고 싶어졌다는 점, 주위의 똑똑하면서도 흥미로운 INSEAD 동문들의 영향 등도 내 결정에 영향을 미쳤다.

타 학교를 선택하지 않은 이유

미국 MBA의 경우, 가장 큰 이유는 비용 문제, 그리고 2년이라는 시간 소요 문제였고, 졸업 후에 미국에서의 취업 및 생활을 그다지 원하지 않는다는 이유가 세번째 이유였다.

영국 MBA의 경우, 내가 런던에서 근무를 하고 있었거나, 런던 내에 커넥션이 확립되어 있으면 이곳에 공부하는 게 정말 좋을 것 같다는 생각이 들었다. 저자의 경우, 그렇지 않은 상황이었기 때문에 선택하지 않았다. 그렇지만 워낙 좋은 학교들이었고, 런던에서의 취업, 동문 들과의 교류 등 다양한 가능성을 열어줄 수 있는 학교들이었기 때문에 마지막까지 많이 고민하였다.

Wait List 통보를 받았을 경우 시도해 보면 좋을 일들

내 경우 Wait List 통보를 받은 적은 없으나 이 상황에 있는 지원자 분들을 도와드린 경험이 있다. 주위에 Wait List 통보를 받았다가 결국 가장 원하던 MBA에 합격하신 분들을 몇 분 보았는데, 그 분들의 성공 요인 그리고 일반적으로 알려져 있는 팁들을 종합하여 공유한다.

손꼽아 기다리던 합격 발표일에 합격도 아니고 불합격도 아닌 Wait List (대기자명단) 통보를 받으면 기운이 빠지기도 하고, 당황스러울 것이다. 며칠 정도 낙담할 수 있겠 으나, Wait List 상황에서도 어떤 액션을 취하느냐에 따라 다른 결과가 나오기 때문에 마지막까지 주의를 기울여 볼 필요가 있다.

Wait List에서 합격으로 갈 것인지의 여부는 그 다음 라운드 합격자 발표 시점 직후에 알 수 있다. 예를 들어, 내가 1 라운드 지원자인데 대기자 명단에 있다면 2 라운드 합격자 발표 직후에 추가합격 여부를 알 수 있는 것이다. 물론 학교 마다, 해 마다 조금씩 통보 정책이 바뀌기도 하니까 별도로 알아보아야 한다.

그렇다면 대기자 통보를 받은 지금부터 그 다음 라운드 합격자 발표 시점인 약 2~3달 사이에 무엇을 하면 좋을까?

이런 일들을 진행한 후 학교에 알리면 좋다.

- 새로운 성과를 업데이트 한다: 레쥬메에 Bullet Point 로 쓸만한 성과가 있다면 알린다. 예를 들어, 회사에서 주는 상을 받았다, 타 부서 대비 좋은 성과를 내서 보너스를 x% 이상 받았다, 세일즈 실적을 x% 이상 갱신했다 등의 신규 성과를 쓰면 된다.

- 새로 맡게 된 포지션, 승진 등을 알린다: 새로 리더십 포지션을 맡게 되었거나 승진하게 되었다면 그 일도 업데이트 한다.

- 동문 들로부터 추가로 추천 메일을 받는다: 알고 지내던 동문 들께 추천 메일을 부탁한다. 동문 1~2 명 정도로부터 워드 파일 1~2 장 분량의 추천서를 받는다.
- 학교에 기여할 수 있는 부분을 적는다.

- 관심있는 수업이나 그 분야의 유명 교수 수업을 Coursera 등에서 찾아 듣고, 이 분야에 대한 관심과 흥미를 담은 소감을 같이 적는다.

이런 내용들을 담아, 잘 정리해서 1-2번만 메일을 보내는 것이 좋다. 불안감에 휩싸여 읍소 하듯이 메일을 많이 보내는 것은 역효과를 불러올 수도 있으니 유의해야 한다.

합격하실 것 같다고 생각했던 분들이 Waitlist 통보를 받아 당황 했다가, 결국 합격 통보를 받으셨을 때 정말 기뻤던 기억이 난다.

끝날 때까지 끝난 게 아니라는 말이 MBA에 지원할 때도 적용된다.

Epilogue

아껴둔 스토리

서두에 내가 MBA를 시작한 이유에 대해 언급했는데, 마지막 한 가지 정말 사적인 이유를 아껴 두었다. 여기까지 함께한 독자들과 나의 스토리를 공유하고 싶어서.

10대 후반, 20대 초반에 내 주위를 둘러보니, '와 나도 저렇게 살고 싶다' 하는 생각이 들도록 사는 멋있는 여자분들이 많이 없었다. 롤모델이라고 할만한 여자분들이 많이 없었다. 물론 남자분들 중에서도 롤모델을 찾을 수도 있지만, 일반적으로 인간은 자신과 비슷한 특성이 많을수록 동질감을 느끼니까, 멋있는 여자 분들을 찾으려 했던 것 같다.

나는 좀 다르게 살아가겠다고 다짐했다.

내 주위 여러 여성들의 삶을 관찰하며 두 가지를 배웠다: 첫째, 나는 정말 좋은 교육을 받아야겠다, 둘째, 경제적 독립 없이 나의 삶은 자유로울 수 없다. 내가 더 강해지고 경쟁력 있어야겠다.

나는 더 좋은 교육을 찾아 나섰고, 최대한 좋은 직장을 구하고 자 했다. 10대 초중반부터 열심히 성실하게 살았고, 좋은 학교에 가서 내 역량과 전문성을 발전시켰고, 23살에 비교적 빨리 일을 시작했다. 그렇게 해서 글로벌 대기업에 입사하면서 마치 포켓몬을 진화 시키듯 나를 키우는 여정이 끝났나 싶었는데, 천만의 착각이었다!

입사 후 한 동안 (이제는 그런 생각을 전혀 하지 않지만) 나는 회사에 불시착한 느낌이 들었다. 언제 그런 생각을 강하게 느꼈냐면, 회사 엘리베이터 하나가 열려서 탔는데 탑승자 15명 중 나 혼자만 여자일 때 '이 곳은 내가 있을 곳이 아닌가?' 라는 생각이 나도 모르게 엄습했다. 연세대학교 신촌 캠퍼스에서 느꼈던 자신감이 급속히 쭈그러들었다.

입사 첫 해 부터 몇 년간, 스스로가 너무 보잘 것 없는 여자애 같았다. 입사 4년차 때, 어떤 상사는 내가 출장에서 파트너사 담당자와 논의한 바를 보고하자 (그 내용이 상당히 긍정적이긴 했다), "야, 그 쪽에서 너 한테 무슨 말을 못하겠냐?" 라며 '너 같은 하급 여직원에게 아무 말이나 좋은 말 다 갖다 붙여서 얘기했을 것' 이라는 식으로 말을 한 적이 있었다.

나는 더 강해지고, 더 똑똑해져야 겠다 다짐하면서, 나를 무시할 수 없게 만들 강력한 무엇인가를 찾았고, 나의 결론은 해외 Top MBA였다.

그럼에도 불구하고 나 또한 현실, 돈 등을 생각하면서 MBA를 가는 게 진짜 맞는 일인가 하는 의문을 품었던 게 사실이다. 회사 스폰서십은 애당초 해당 사항이 없었고, 입사 3년차까지도 어렴풋한 생각만 있었을 뿐 실제로 MBA 준비를 위해 본격적으로 시작한 건 없었다. 2015년 후반부터 홍콩, 호주 등에 오랜 기간 출장 근무를 하며 일이 재미있게 느껴져 관련된 스킬을 더 향상시키면 좋겠다는 생각이 많이 들었음에도 불구하고, 돈 생각 때문에 마음을 굳히지 못했다. '준비를 시작하다가 애매하게 잘 안되면 어떡하지' 등 현실적인 고민도 많이 했다.

그러다 2016년 3월, '하고 싶은 대로 하고 그에 대한 책임을 지면 되는 거다'. '내가 어디까지 갈 수 있나 한 번 해보자. 내 인생에서 하고 싶은 것을 하는 것이 제일 중요하다.' 이런 생각을 하면서 갖가지 고민들을 덜어내고 결심했다. 삶의 우선순위를 정하고 나니 나머지 고민들은 좀 정리가 되었다.

그렇게 나는 해외 MBA 준비를 시작했고, 그 치열했던 준비 과정은 결실을 맺어 전세계 최고의 인재들과 수학할 수 있는 기회로 이어졌다. 2019년 여름, INSEAD 퐁텐블로 캠퍼스에서 MBA 졸업식을 마치며, 그 엄청났던 여정의 끝을 맺었다. 2023년 현재, 세계적인 유명 금융사에서 컨설턴트로 일하며 MBA에서의 가르침에 따라 어제보다 나은 사람이 되기 위해 살아가는 중이다.

자기 검열적 고민 두 가지

MBA를 준비하던 시절 너무나 막막했기 때문에 '내가 MBA에 가게 된다면 도움이 됐던 팁들을 담아 앞으로 준비하는 사람들에게 도움이 되고 싶다'라고 생각했으나, 막상 이 책을 쓰기까지 두 가지 큰 고민이 있었다.

첫번째, '나의 개인적 사례를 지나치게 일반화하는 것이 아닐까' 라는 의문. 매해 우리나라에서 10~30명씩 해외 Top MBA에 진학한다. 이 모든 분들이 자신만의 전략을 통해 좋은 결과를 내신 것이고, 그 방법론은 저마다 다양할 것이다. 내가 아는 분들만 해도 1달 만에 GMAT을 끝낸 분도 있고, 2년 동안 준비하신 분도 있으며, 에세이 컨설팅의 예찬론자도 있고, 인터뷰 스크립트 같은 것 없이도 합격하신 분들도 있다. 각자 정말 다양한 방법으로 Top MBA라는 목적지에 도달하는 것이다. 이 중 딱 하나의 방법론일 뿐인 내 얘기를 두고 미래 지원자들에게 이 방법이 옳다고 얘기할 수 있을까? 내 방법이 최선인가? 에 대한 고민이 있었다.

두번째, 현재 내가 커리어 적으로 성공을 거두었다고 보기엔 참 부족한데, 이런 책을 써도 되나 라는 자기 검열적 질문이었다. 시간이 지나 훗날 부끄러운 결과물이 되지 않을까 고민했다. MBA를 마치고 더 큰 성공을 거둔 분들이 보기에 우스워 보일까봐 걱정이 되기도 했다.

생각 끝에 두 가지 포인트에 대한 내 결론은 다음과 같다. 첫번째 질문에 대한 나의 답은, 비록 나의 개인적 경험에 많이 기반하고 있지만, 내가 2016년 ~ 2020년경 MBA 준비하신 분들과 많이 교류하였기 때문에 관찰에 필요한 적당한 모수는 충분히 확보했다고 생각했다는 것. 내 경험이 단지 나만의 편협하고 특이한 생각은 아니라는 확신이 있었다. MBA 관련해서 많은 조언을 받고 정보를 수집했고, 또 많은 도움을 줘 본 사람으로서 MBA 준비 과정에 대해 시사점을 다른 이들과 나눌 정도의 수준은 된다는 것이다.

두번째 의문에 대한 나의 대답은, 이 책은 내 커리어에 대한 성공담이 아니고, Top MBA 합격을 위해 2017년에 진행한 MBA 준비의 과정을 다룰 뿐이기 때문에, 이에 한정하여 논할 자격은 있다는 것이었다.

한편 그렇기 때문에, MBA의 레슨 및 수업에 대한 가치에 대해 자세히 쓰지 않았다. 이에 대해 어느 정도의 생각과 관점이 있긴 하지만, 아직 이를 논할 자격이 없다는 게 나의 생각이며, 최소한 졸업 후 3-5년 정도 지나야 MBA가 커리어에 미치는 영향과 가치를 독자에게 얘기할 수 있을 것이라 생각한다.

한편 집필 과정에서 피드백을 주었던 분 중에 한 분이, 그래도 이 책이 'MBA 지원을 돕는 가이드 북'인데, GMAT 지옥론, 에세이 괴담 등을 언급하며 시작도 하기 전에 사기를 꺾는 것 같다, 반면 MBA를 가고 싶게 만드는 셀링 포인트가 너무 적은 게 아니냐고 묻기도 했다.

그래서 정말 간략하게 내가 MBA에서 얻은 것, 나아가 독자분들이 MBA에서 얻을 수 있는 것에 대해 얘기해 본다.

사진 14. 1 INSEAD MBA Class of July 2019 졸업 사진

첫째, 인생에서 가장 치열했던 1년을 계획했고, 실천에 옮겨, 결말을 맺었다는 경험에서 오는 자신감

둘째, 남들과 나를 더 이상 비교하지 않을 때 생기는 자존감

셋째, 어려운 상황 및 여러 제약 조건 하에서도 out-of-box-thinking을 통해 결국 솔루션을 찾을 수 있다는 마인드

더 많은 지식, 해외 네트워크, 회사에서의 달라진 나의 포지션 등도 내가 얻은 점이겠지만, 졸업 직후 가장 큰 수확은 위와 같은 자신감과 자존감, 그리고 이상하게도, 행복감이었다.

예전 1990년대, 2000년대에 MBA 가던 시절과는 많이 다르다. 우리나라 뿐만 아니라, 해외에서도. MBA가 모든 걸 보장하는 것도 아니다. 무엇보다도 비즈니스 환경 자체에 불확실성이 너무 커져버렸다. MBA는 자격증처럼 뭔가를 보장해주지 않는다. 사실, 2023년 이 시점에 뭔가를 100% 확실히 보장해주는 것은 거의 아무것도 없지만.

확실한 것은 MBA 준비 과정과 수학 기간을 통해 직업인으로서 continuous learning mindset을 체화할 수 있다는 것이었다. 그런데 생각해 보면, 이러한 마인드가 오늘날의 불확실한 시대 속에서 흐름을 따라가는데 필수적인 자질이고, 자신의 시간과 돈, 에너지를 들여 배울 만한 가치가 분명 있는 것이다.

앞으로 더 많은 젊은 리더분들이 남들이 알아주는 것에 집착해서가 아니라, 자신의 발전과 마인드셋, 삶과 비즈니스를 바라보는 시각을 기르기 위해 MBA 라는 길을 선택하고, 좀 더 효율적이면서 덜 고통스럽게 지원 과정을 헤쳐 나갈 수 있으면 하는 게 MBA 졸업생의 바람이다.

이 책이 나오기까지 초안을 읽고 검토해 주신 분들께 정말 감사 드린다.

마지막으로, 지금까지 나의 결정을 믿고 지지해 주신 사랑하는 어머니와 아버지, 늘 감사드립니다.

부록 1. 나의 영어 학습기

그간 가장 많이 받았던 질문 중 하나는 "어디서 살다 오셨어요?" 라는 질문이었다. 대답부터 말씀드리자면 "아니오" 이다. 해외 거주 경험만 놓고 본다면 미국 캘리포니아에서 1학기 교환학생으로 지낸 게 전부이고, 그 외에는 고향 서울에서 영어를 학습해왔다. 나는 국내에서 공부하면서 (시행착오가 있긴 했지만) 원하는 수준의 영어 구사력을 갖게 된 편이라 생각해서, 나의 경험을 나누어 보고자 한다.

이 내용은 영어 시험에서 고득점을 올리는 방법 보다는 "영어라는 언어 자체에 대한 이해력을 어떻게 향상시킬 것인가? 어떻게 영어를 자유롭게 다룰 수 있게 되는가?" 에 대해 좀 더 포커스 되어 있다. 구성은 다음과 같다:

1. 나는 어떻게 영어에 노출되었는지

2. 시행착오 - 하지 않았으면 좋았던 게 무엇인지

3. So what - 영어를 자유롭게 다루기 위해 뭘 어찌하면 좋을까

1. 나는 어떻게 영어에 노출되었는지

1) 초등학교 시절: 뉴질랜드 원어민 쌤, 아빠 과외

나의 첫 원어민 선생님은 뉴질랜드에서 온 J라는 분이셨는데, 집에서 1주일에 한 번 정도 회화 수업을 하다가, 1~2년 후에 J가 떠나게 되고 비용도 부담이 되어 그만두었다. 그때는 이 정도면 영어에 많이 노출이 되었다고 생각했는데 나중에 보니 이건 정말 새 발의 피에 불과했다. 한동안은 과외비가 아까워서, 영어 문법 교재를 사다가 집에서 1주일에 3번 정도 아빠와 같이 공부를 했었다. 그 당시에는 영어 방문 학습지 같은 게 유행해서 그걸 조금 하다가 돈 아낀다고 안 하게 되었다.

2) 중고등학교 시절: 학원과 외고

나도 일반적인 한국식 교육에 발맞춰 학원에서 영어를 공부했었다. 그리고 토익, 토플, 텝스 교재 푸는 게 영어공부 인가보다 하고 공부했던 것 같다. 그래도 나름 영어를 잘 한다고 생각하고 우물 안 개구리처럼 즐겁게 살았었다.

외고에 입학해서, 시골쥐가 상경할 때의 충격을 받았다. 세상은 넓고 영어 잘 하는 사람은 많다는 걸 절실히 느꼈다. 인생에서 영어 잘하는 한국인을 제일 많이 만났던 시절이다. 해외에서 오래 살다 와서 영어와 한국어를 bilingual 로 구사하는 친구도 많았고, 여름마다 미국 썸머캠프를 다녀왔던 친구들도 많았다. 화가 나면 복도에서 영어로 싸우는 친구들도 꽤 있었다.

외고에 대해 말이 많지만, 내가 다니던 시절에는 수준 있는 원어민 강사를 데려와서 원서를 읽고 토론하는 수업이 꽤 있었다. 특히 1학년 때는 심도 있는 영어, 제2외국어 수업을 했었던 기억이 난다. 그런데 슬프게도 그런 수업 때마다 하고 싶은 말은 많은데 원어민 수준의 친구들한테 치여 혼비백산했다. 내게 이 시절은 영어를 제대로 배우고 싶으나 충격만 받고 허겁지겁 졸업하기 바빴던 시절이다.

3) 대학 시절: 교환학생

충격에서 좀 벗어나, 교환학생을 가서 점프업 하자는 결심을 갖게 되었고, 유명 토플 종일반을 2달간 수강하며 토플 점수를 만들고 교환학생을 가게 되었다. 교환학생은 갈 수만 있다면 정말 좋은 제도인 것 같다. 내가 미국에서 머문 시간은 7개월 남짓이었지만, 한국에서 영어 기본기를 많이 다져서 인지 7개월 만에도 실력 향상을 느낄 수 있었다. 영어학습을 떠나서, 아름다운 캘리포니아, 샌프란시스코, 뉴욕 등을 방문하며 정말 세상이 넓구나 깨달았던 소중한 시절이다.

4) 직장인 시절: 해외출장

해외 영업 직무를 수행하는 능력은 회사 생활을 통해 향상되었다. 영어 실력만 놓고 봐도, 입사 전보다 입사 이후 현업을 통해 많이 늘었다. 어떻게 보면 회사란 곳이 돈도 주면서 실력도 향상시켜주니 참 고마운 곳이다. 영어가 모국어인 사람들과 공부하고 일하고 대화하는 게 큰 도움이 되었다.

2. 시행착오 - 하지 않았더라면 좋았던 게 무엇인지

보시다시피 돌이켜 보면 하지 말았어야 할 부분들이 많다. 나의 시행착오는:

1) 영어 시험공부를 영어공부 라 생각했던 것

중학교 시절에 토익, 토플, 텝스, 그 외 검증되지 않고 급조된 영어 경시대회 준비를 많이 했었다. 그렇게 하다 보면 가장 큰 문제가 ① 회화 실력이 잘 늘지 않는다 ② 영어가 질린다 ③ 시간 투자는 많이 하는데 실질적인 실력이 안 는다 ④ 쓸데없는 시험 응시료만 엄청 든다는 것이다.

영어 시험을 준비하는 것은 절대 영어 공부가 아니다. 이 사실을 인지하긴 했는데, 왜 자꾸 이를 반복하게 되었나 생각해보면 조급함 때문인 것 같다. 어디 가서 내가 영어를 이 정도 한다 라고 말을 하려면 영어 점수로 보여주는 게 제일 빠르고 쉽다고 생각해서 시험에 집착한 것 같다.

그런데 원래 시험의 본질은 수험생이 함정에 빠지게 하여 순위를 가르는 것이기 때문에 시험에서는 자꾸 특이한 곁다리 같은 걸 물어볼 수밖에 없다. 애매한 것들, 몰라도 되지만 점수를 가를 수 있는 단어들, 이런 것들과 싸워 이기려고 하면 자꾸 영어 공부가 산으로 가는 것이다.

사실 영어 실력 자체가 향상되면 장기적인 관점에서 점수는 오르게 되어 있다. 나도 본질적으로 실력 향상이 된 이후엔 점수가 잘 나왔다. 그러나 점수가 잘 나온다 해서 실력이 있는 것은 아닌 것을, 영어를 잘하고 싶다는 생각이 들면 자꾸 점수에 집착하게 된다. 점수에 집착하지 마시고, 영어 공부를 '영어 시험 준비'로 갈음하지 마시길 바란다.

2) 환경 탓하기

예전에는 나를 영어의 환경에 충분히 노출시켜주지 않았던 부모님을 좀 원망했었다. 이때는 어린 마음에 해외 주재원을 나가지도 않으면서 썸머캠프도 안 보낸 부모님이 원망스러웠다. 욕심은 많고 나도 잘 하고 싶은데, 영어란 게 하루아침에 안 되지 않는가?

그렇지만 돌이켜보면 나의 부족이 모두 환경 탓이었나? 그렇지 않았다고 생각한다. 영어 교육에 유리한 환경에서 살았다면 영어를 좀 더 편하게 배웠을지 몰라도, 원래 모든 것을 다 가져가는 옵션은 없다. 얻은 게 있으면 잃는 게 있다고 생각한다. 돌이켜보면, 주어진 환경 속에서 영어를 더 잘 할 수 있는 방법은 정말 다양했다.

3. So what - 영어를 자유롭게 다루기 위해 뭘 어찌하면 좋을까

1) 영어 감수성 높이기

그전에도 말씀드렸지만, 사춘기 이전에 그 언어를 습득하지 않으면 해당 언어의 Native가 되기는 어렵다. 사춘기의 복잡 미묘한 감정을 '그 언어'로 느껴야 모국어가 되지 않나 싶다. 아직 이 시점이 안 지난 어린이라면, 한국에서 계속 영어 환경에 노출시키면 도움이 된다고 생각한다.

그 시기가 지났다면, 영어 감수성을 높이기 위해 꾸준히 시도하면 된다. 영어 소설, 기사, 웹사이트, 영화, 드라마, 라디오, 유튜브 동영상을 꾸준히 가까이하면 반드시 도움이 된다. Native가 되지 않는다 해도 Fluency 가 있으면 업무적으로 문제가 없다고 생각한다.

2) 국내에 있다면, 영어를 쓸 환경을 스스로 찾기

영어권 국가에 있다면 아무래도 자연스레 영어를 많이 쓰게 되게 되겠지만 (하지만 이 곳에서도 계속 관심과 시간을 투자해야 한다. 해외에 오래 있는다고 저절로 영어가 늘진 않는다), 국내에 있으면 스스로 영어를 쓸 환경을 찾는 것이 좋다.

주위를 둘러보면 스스로를 영어에 노출시킬 기회는 많다. 다만 사춘기 이후에 영어를 학습하는 경우라면, 노출만으로는 부족하고 노출 + 학습이 병행이 돼야 실력이 점프업된다고 생각한다. 학습이 병행되지 않으면 비슷한 수준에서 맴돌 가능성이 크다.

※ 문법 공부: 수준 있는 영어를 구사하려면 문법을 알긴 알아야 되는데, 문법은 참 질리기 쉽다. 나는 여러 문법서를 봤었는데, 그중 가장 간결하고 도움이 되었던 문법서 '레토리컬 그래머 Rhetorical grammar'를 추천한다.

내 영어 학습기가 실망이 되었 을지, 위안이 되었 을지 모르겠다. 좀 더 새롭고 신선한 경험담을 기대하셨던 분들도 있을 텐데, 그런 분께는 식상했을 것 같다. 반면, 국내에서 공부해서 영어 수준을 향상시키고자 했던 분들께는 조금이나마 위안이 됐을 거 같다.

외국어를 배우는 건 두 개의 영혼을 갖는 것과 같다는 말이 있다. 외국어 학습이라는 게 또 하나의 의사소통 수단을 확보하는 차원을 넘어서서 새로운 세계관을 받아들이는 일이라고 할 만큼 외국어 학습은 결코 쉽지 않다. 그렇지만 어렵기 때문에 성취감도 있고 현실적인 보상도 크지 않은가 싶다.

마지막으로 내가 재밌게 읽었고, MBA 준비하시는 분들에게 도움이 되면서 읽기 수월했던 원서들을 소개해 보고자 한다.

- SAM WALTON: MADE IN AMERICA *by WALTON*
- Steve Jobs *by Walter Isaacson*
- Shoe Dog *by Phil Knight*
- The Tipping Point *by Malcolm Gladwell*
- Hillbilly Elegy *by J.D. Vance*
- How to Talk to Anyone, Anytime, Anywhere *by Larry King*
- 1984 *by George Owell*
- Animal Farm *by George Owell*

부록 2. 합격 에세이 및 추천서 샘플

1. EF MBA 에세이

Question 1 (500 words)

What are your post-MBA goals and how will your prior experience and the EF MBA programme contribute towards these?

Answer 1

"Why don't we work abroad or found a startup? It would be exciting," I asked my college friend. Coming from a very small town in Korea, he replied, "Those dreams are only for people in big cities. I have never met anyone from my hometown brave enough to do that. More importantly," he laughed, "the trendiest startup I can think of is a chicken restaurant."

Although technology and economic growth are both integral parts of South Korea's modern development, many South Koreans who live outside of urban city centres rarely find themselves being a part of this narrative. In fact, this geographic gap between those who have access to technology and information versus those who do not is increasing worldwide as a result of rapid globalisation. Consequently, I am deeply concerned about the effects of this disparity as it relates to opportunities for the youth that reside in these areas with restricted access to technology and information. My ultimate career mission is to develop my own international IT company in order to promote equal access to information across different socioeconomic Asian communities.

To help jumpstart this initiative after completing my MBA, I plan to work for a couple of years as a project or programme manager of a technology company in the UK that provides a marketplace or platform to connect people and provide services. My current career has focused on developing and launching mobile services across S company's Service Ecosystem. This experience has helped develop my skill set in leadership, project management, and business strategy. One of my most valuable learning experiences is being able to work in a multicultural and ethnically diverse professional environment. For example, when working with our members in city D whose decision-making process was very different from the top-down approach of Korean managers, I reconciled the disputes through healthy discussions and introduced the B service in country Y. Transitioning from a large technology company like company S to enhancing my capabilities in entrepreneurship is a task I look forward to by leveraging the EF MBA community and its vast resources. I am aware that EF MBA provides competitive entrepreneurship courses and offerings such as the New Technology Ventures course and Entrepreneurship Summer School. They will help me fill knowledge gaps, especially in areas surrounding how to turn technical products into business models, how to develop business plans, and how to conduct investor presentations.

Furthermore, the EF MBA programme will enable me to network with talented professionals from different backgrounds and from around the world through its Global Business programme. Since my ultimate business plan requires diverse perspectives from different regions, forming these international bonds will be critical to my future success. The experience during London trek and the summer internship will also open doors for me as I transition back to the working world after MBA. Ultimately, having grown up with a Korean education, I aspire to expand my viewpoint at EF MBA, a diverse cohort with bright people and an experienced faculty.

Is there any other information you believe the Admissions Committee should know about you and your application to EF MBA?

Answer 2

For this question, I will focus on three areas of enrichment that I hope to share with my classmates during my tenure there. The first area is my experience in discovering the ongoing evolution of F technology. Over the last two years, I have observed how digital wallets matured, while sharing with industry professionals on our role in this area. Also, as a member of the AI Club in my group, I have knowledge on V services that have exploded into the market. I believe many professionals at EF MBA would be interested in these areas while seeking careers in these fields after their studies. Besides Entrepreneurship Club, I will actively host knowledge sharing sessions via the EF MBA Tech Club to help where I can.

Second, I would like to continue my involvement with

promoting women in leadership positions across the globe through the EF MBA Women in Business Club. I have keen interests in advocating for women in business and have made continuous endeavours toward this goal by hosting a mentorship programme for female undergraduates and junior colleagues at work. I am concerned that South Korea has been the worst place to be a working woman among 30 OECD countries for multiple years. I believe in parity and equality in the workforce and that all positions and opportunities are provided on basis of merit, not gender. As a result, over the last three years through my mentorship programme, I have helped a number of young women interview and land positions at my firm and other national firms based on their career goals. Using my passion in helping other women, I aim to join the EF MBA Women in Business Club to improve gender diversity and equality in the workplace and on campus.

Lastly, I bring an international point of view into the classroom with my cultural uniqueness. I would like to share my knowledge on Northeast Asia, one of the most important markets of the world, to my classmates to assist them with their future career goals. I seek to be the President of the EF MBA Korea Club and help educate others on areas of Korean culture and job opportunities in Korea. Furthermore, I hope to debunk myths and outdated information about Korea while sharing the realities of Korea and its quickly changing society from a fresh perspective. One of the attributes I would highlight is that I worked closely with G Group, which happens to be one of the largest international employers of talented MBA students. I would be able to introduce the programme principles to my classmates who have interests in working as a global strategist at my firm. Summarily, I plan on becoming a student ambassador. This will allow me to help prospective students coming from the technology sector, from Asia, and as a woman to better acclimate and grow at EF MBA.

2. EF MBA 추천서

Recommendation Letter 1

• *(Question 1) How long have you known the applicant and in what connection?*

I have had the great pleasure of working with Sharon on a daily basis for about a half year (from June 2017 until now) for the global expansion of our A feature. She directly reports to me now and has worked on streamlining communication channels, formulating a global roadmap, and driving feature deployment.

•*(Question 2) What do you consider to be the applicant's major talents and strengths?*

Sharon has many talents and strengths. The most remarkable of these are her learning mindset, her interpersonal skills, and her maturity with her staying power.

Her biggest talent is her <u>willingness to learn at all times</u>. While working with her, I felt that she is a person who is capable of absorbing a lot of information very quickly. In a rapidly changing

IT industry, the ability to learn new things is an important skill and she has demonstrated such an attitude. Around June 2017, one of the important agendas for the team was to provide more value to the customer by adding additional functions to the basic feature of the A service.

As a part of achieving this goal, my team has undertaken the task of enabling a ** feature on the website and mobile app, supporting 20 countries with the process. At that time, since there were no actual cases where the A function was launched, there was much confusion and misunderstanding about how to implement and extend the service. In response, our team tried to give a unified execution guide and Sharon was in charge of this work. The material included a large amount of content, concerning business development, partner progress check, actual testing, marketing, service operation, etc. Many people in our organisation recognised the need for this guide, but they also knew that it would be burdensome to master all the materials by learning a vast amount of content.

Sharon, however, was able to do that. First of all, she made a basic framework within her capability and researched various resources. Where necessary, she also sought advice from the product management team and mastered about ten referential documents from the development team. Although there were some difficulties to complete this guidebook given her present role and her previous experience, she patiently and thoroughly completed this. This guide that incorporates a comprehensive A-to-Z about the A feature was very helpful to our organisation. Therefore, I think that her attitude to learn more and to go beyond her current role and duties is her biggest strength and I think that with this attitude she will learn a lot from the EF MBA programme.

Sharon possesses outstanding interpersonal skills. There were many trials to enable our A feature across the globe. However, those efforts could not yield a productive result as this required support from each fragmented department at HQ and subsidiaries. The management had asked our team to streamline the communication channels, help align the different teams, and launch the feature. Finally, this initiative achieved a deployment of the A feature in country A, B, C, and D. I feel that much of this success was due to Sharon's exceptional coordination which was made possible by her strong communication skills. She hosted weekly working-level meetings, executive meetings, and informal chats to put together all the on-going activities for remote payment.

Unlike Sharon, there were a few employees who felt that they do not have to put in so much effort because they would rather get things done by themselves. They sometimes challenged her and our team during meetings in an uncooperative manner. Sharon, however, managed to remain calm and elaborated the purpose of this initiative. I think the most prominent point of her communication skills is that she listens actively, shows sympathy, and suggests the best possible solutions from the perspective of others. She persuaded those who were reluctant to take part and finally motivated people to be in a powerful collaboration structure that became a foundation for our goal.

Sharon has a maturity beyond many of her peers and seniors in terms of her staying power. In August this year about fifteen people from diverse teams had to collaborate to enable A in country X. Among them personalities were hugely different and they had severe conflicts over the ideal feature that they would pursue. Some of them did not even talk to each other during the process. However, making tireless efforts for healthy discussions and bonding with colleagues, she was able to keep the X project on track. She introduced a new format of meeting that encourages people to discuss the core agendas which helped to relax emotional tensions. It was not easy to lead the conversation due to these conflicts, but she was able to do it with her maturity and staying power.

Furthermore, in our organisation many ad-hoc tasks and reports are given to assistant managers due to a shortage of workers. In such cases, managing her time efficiently, she successfully carried out her tasks. She has always been discerning and mature, even under the stress of hard work. This ability to perform well in a demanding environment will be a great asset to complete an intensive MBA programme and then achieve her post-MBA goal.

• *(Question 3) What do you consider to be the applicant's major weaknesses or areas for improvement?*

Although it does not negatively impact on her performance, her tendency to take on many difficult tasks can be her weaknesses. Due to her natural friendliness and gentleness, she sometimes does not refuse hard work even when this is more than one person could handle. One of my team members even urged her to split the work if there was an excess of admin or if the tasks were too demanding. Since she handles managerial work faster and more accurately than others, this attitude may help speed up progress of team projects. However, on a long-term basis, she must let other team members share the work burden, because these people will obviously face their own difficulties and demanding jobs in the future.

・*(Question 4) In what developmental areas has the applicant changed most over time?*

Her self-confidence, especially when sharing industry information and ideas in the organisation, changed noticeably while she worked with me. When I started working with her, she was often too hesitant in the workplace about sharing the relevant information and ideas to the team. I thought it was partly due to the overall team atmosphere which was especially careful about consequences of shared information and opinions.

However, I advised that these things can be shared more freely because the team will benefit from them. Following my advice, she constantly made efforts to be more confident about sharing. She posted news about key players' moves in the F industry, participated in a forum which discusses interesting industry topics such as Artificial Intelligence, and shared her ideas with the members. She has shown remarkable progress over time.

· *(Question 5) What will this individual be doing in 10 years? Why?*

I firmly believe that she will be an outstanding business leader in the Information and Communications Technology field. Her willingness to learn, superior interpersonal skills, and maturity will surely lead her to success in her career. Beyond this, with her global mindset and language skills, I expect that her career trajectory will be truly diverse and global. As an MBA holder from the top business school, I am confident about her abilities and potential. Her leaving will be a sad moment for me, but I strongly recommend Sharon to the EF MBA programme because I foresee that she will grow more rapidly with her professional attributes combined with the MBA programme.

Recommendations Letter 2

· *(Question 1) How long have you known the applicant and in what connection?*

As part of the launch of B in country Y, I worked closely with Sharon for one and half years in a coordinated initiative between Y, country Z, and Korea (from October 2015 to February 2017). Currently there are over 000 registered users of the system with approximately 000 transactions taking place daily.

While I was responsible for the overall project management to bring the service to market, Sharon held many critical roles including coordinating the communications among various (siloed) departments in Q and Z, developing the local marketing strategy and campaigns with stakeholder financial institutions as well as designing and delivering crucial analysis for senior executives across the organisation.

·(Question 2) What do you consider to be the applicant's major talents and strengths?

Sharon is one of the most distinctively impressive professionals with whom I have had the pleasure of working. Her performance over our time working together was outstanding. I would like to highlight three specific aspects of her work.

Firstly, one of Sharon's most notable strengths is her analytical skill and ability to use this to drive positive business outcomes. Her capabilities in this area contributed greatly to the successful launch of B in country Y. Although the project faced an array of internal and external challenges, she was able to help the project move forward with her rigorous analysis of the market situation to identify suitable strategies. Her ability to track the many dimensions of service performance data allowed my team to measure the platform's progress in market, identify problem areas and adjust accordingly. For example, Sharon set up a performance forecast model aimed at reporting on the essential B data in real time. She obtained sales data of B eligible devices in country Y and allotted weekly targets to achieve the year-end goals helping the team track progress against objectives in a timely manner.

Secondly, Sharon's insightfulness and pro-active nature made a big difference to the organisation and the effectiveness of the broader B team. She consistently anticipated problems before they arose and ensured that several potential solutions were identified and evaluated to help management set a course of action. This was evidenced when she created a master document to track B marketing which gave management a holistic overview of marketing activities and the associated effectiveness across promotions, digital marketing, and PR. Her initiative in this area was so successful it was later rolled out to various markets in the region such as country D, E, F, and G. The regional Service Marketing team thanked Sharon specifically for this work as the document has helped the marketing team gather develop a global communication strategy around service.

Thirdly, Sharon's leadership and teamwork skills were outstanding. She understood the goal of the project and knew how to galvanise the team in order to overcome obstacles and keep the project on track. When an obstacle was out of her direct influence, she worked with all stakeholders and management to identify a solution and coordinate the resolution. In the early stages of the project, HQ needed to have country Y devices for testing and demonstration. Sharon identified this need early and took personal responsibility to procure the devices and develop a standardised protocol to support the local testing activities.

There were many other instances where she demonstrated leadership to help the team overcome obstacles. In recognition of her contributions, she was the recipient of the 2016 ABC Group Award. Even in the face of seemingly overwhelming challenges (of which there were many) Sharon maintained her even temper and positive, collaborative nature. Sharon was an invaluable asset to our organisation during the launch of B in country Y.

· (Question 3) What do you consider to be the applicant's major weaknesses or areas for improvement?

If I had to mention a weakness, I would probably consider her tendency to say "Yes" and absorb excess work into her responsibilities, rather than asking her supervisor to readjust/reallocate the workload. It is in the nature of S company that, on many occasions, too much is expected from individual team members especially those with key skills and experience.

While she was working on project B, Sharon often stayed in the office very late rather than asking for assistance. While helpful for the project, in the long term she needs to consider her work life balance.

· (Question 4) In what developmental areas has the applicant changed most over time?

Sharon's confidence in leading a team matured remarkably over the time we worked together. Initially Sharon seemed reserved and concerned about asking people to undertake tasks, which as it limited her ability to distribute tasks effectively to support delivery of the marketing campaigns for B. After a few months; however, Sharon really learned to take advantage of the experience in Y and confidently request other team members to undertake project activities.

In November 2016, Sharon led the local implementation of a global C campaign. The global campaign team assigned Sharon responsibility for developing the strategy and working with agencies to create specific country Y content (within a budget of $000K). There were several teams involved in delivering this campaign to market: the global campaign team, the HQ service marketing team, the Y service team, and the Y design agency.

Sharon was able to coordinate activities across these geographically and culturally diverse teams and successfully deliver the campaign to market. She assigned responsibilities and set completion expectations with an accurate and friendly manner. As the project manager for the project I was greatly impressed by Sharon's ability in this area. Sharon led the daily scrums in which she shared status updates with all members, assigned responsibilities and made adjustments and managed risks as necessary. The Y team ultimately delivered one of the most successful B campaigns. The F postings during the campaign marked 00M impressions with a reach of 0M (engagements) and resulted in over 00K additional program participants. A senior leader on the global campaign team emphasized to me personally how critical Sharon's leadership was in the successful implementation of the campaign.

• *(Question 5) What will this individual be doing in 10 years? Why?*

There are certain types of people who consistently demonstrate impressive aptitude in any setting and make an ongoing, direct impact on their projects and organisations. I strongly believe that Sharon is this type of person. She has the motivation, the ability, the skills, and the leadership to lead other people while being personable, professional and very driven to team success. Considering her aptitude for developing and expanding new businesses and services, I think she will be leading her own organisation that focuses on realising opportunities to take new products or services into the market. I greatly look forward to seeing her development over the next 10 years.

이 책이 앞으로 해외 MBA 입학을 준비하시는 분들께 도움이 되길 희망합니다.

서희 드림

작가 소개

이력

미국 금융사에서 전략 컨설턴트로 근무 (2022년 - 현재)

컨설팅사 근무 (2020년 - 2022년)

INSEAD MBA 졸업 (2019년)

IT 대기업에서 해외 사업개발 담당 (2013년 - 2020년)

연세대학교 (경영학 전공) 졸업 (2013년)

대원외국어고등학교 졸업 (2009년)

Contacts

이메일   moonshotxcontact@gmail.com

웹사이트   https://mba2freedom.tistory.com